21 DAYS TO JUMP-START YOUR INTUITION

21天 開通內在指引

鍛鍊直覺精準度
接收你的「靈」對你最大的保護

AWAKEN YOUR MOST EMPOWERING SUPER SENSE

桑妮雅・喬凱特 著　非語 譯

SONIA CHOQUETTE

本書獻給我美麗的孫女蘇菲亞·羅斯（Sufiya Rose），
每一天，她的「靈」迅速啟動我的喜悅。

目錄

第2週——承擔責任　95

第3週——從中成長 183

出版緣由

研究顯示，養成習慣需要實踐二十一天。這是為什麼賀氏書屋（Hay House）決定與知名作家合作，創建「21天」（*21 Days*）系列，這一系列專為開發新的大師級主題而設計，例如本書，迅速啟動你的直覺。

前言——

扣人心弦的覺醒

直覺（intuition）是我們天生的第六感，此外，它是超級感官，等於是我們內在的指南、雷達、保護、吐真藥、連接器、內在之光、我們的「高我」（Higher Self）的聲音。它是我們內在的熱線，連結到我們的天使、指導靈（Spirit guide）、永遠無條件地愛我們的「神聖母父神」（Divine Mother-Father God）。直覺是我們全都具有的神性智慧（Divine intelligence），幫助我們在我們居住的這個宏偉而神聖的宇宙中，找到自己的位置並實現我們的人生目的。

直覺讓我們看見，如何使我們想像和渴求創造的一切變得有可能。它帶領我們遠離不利於我們的至善（highest good）的情境、事物、人們，轉向為我們帶來至善的一切。

我們天生就擁有這個超級感官，它集中在我們的心，透過我們體內的每一個細胞向外輻射，透過振動傳達我們的「靈」（Spirit）的智慧。身為靈性存有（spiritual being），我們被設計成要遵循這道具指引作用的內在之光，才能全然活出我們的潛力、實現我們的人生目的。它是自然且必要的部分，屬於我們人類的基本作業系統。它不是可有可無的感官，也不是某些人被賦予而其他人沒有的天賦。每一個人都具有直覺知曉的超級第六感，而且需要它才能成功。沒有我們的直覺指引，想要體驗到深度滿意、目的明確的人生幾乎是不可能的。

就跟任何優雅的系統一樣，如果欠缺必要的零件，我們的人生就無法正常運作。

與直覺斷連就像在沒有手電筒且沒有保護的情況下，設法在夜間找到路徑，穿越茂密而凶猛的叢林。它使我們陷入黑暗，任由有限、被嚇壞、反應過度、資訊錯誤的小我（ego）擺布。對於周遭的一切人事物，我們變得緊張而懷疑。沒有內在的指路明燈揭示世界的真實本質，我們往往變得防衛、枯竭、精疲力盡。我們迷失方向，徒勞地努力在他人的認可中找到自己的安全感和價值感。我們不信任自己、遺棄自己，覺得唯有取悅我們認為有權力支配我們的人，才能找到安全感，這讓我們感到不真誠、被剝削、遭背叛、受傷、憤怒。

直覺使我們擺脫這種游離性焦慮（free-floating anxiety）和不確定性，使我們連結到我們的真實本性。它讓我們安全且受到保護。假使沒有這個超級感官為我們的人生掌舵，引導我們按照它的設計執行，我們最終必定無法活出自己的最大潛力，往往錯過開啟的機會之門，忽略我們的真實召喚，只聚焦在生存，而不是茁壯成長，成為有力量、有創意、喜悅的「神性存有」（Divine being）。

幸運的是，與其他五種感官不同，我們不可能失去這個超級感官。它以「神性生命力」的形態存在，在我們的心中跳動。我們只是必須迅速啟動它重新投入行動，才能發揮它的魔力。還好，這可能比你想的更容易，尤其如果你每天都找時間這麼做。藉由每天引進溫和的提示，喚醒你休眠的直覺，僅僅二十一天後，你的超級第六感將會在你的心和細胞內全力復活，這是有保證的。

當這事發生時，生命的喜悅與魔法回歸。這正是本指南將會幫助你做到的。所以，事不宜遲，讓這趟扣人心弦的探險開始吧。

第1週

調頻聆聽

第一週，我們將會迅速啓動你的直覺，方法是：首先體認到直覺是什麼，注意它在你體內感覺像什麼。理解它的起源，創造理想的條件，讓你的直覺可以醒來，按照其原本的設計宗旨，立即化為行動。你一定會發現並活化你不知道自己擁有且令你興奮雀躍的超能力，開始實踐很快就會成為你的最大資產和永久支柱的事物。

DAY 1

取回你丟失的零件：直覺

喚醒你的直覺的第一步是體認到：你是靈性存有，天生的設計具有六種而非五種感官。這個第六種感官（你的直覺兼超級感官）對你的靈性剖析至關重要。它被先天植入到你的細胞中，將你連結到你的「真我」（authentic Self）與神性支援系統。它不是可有可無的感官。若要在人生的每個領域成功順遂，它至關重要，假使沒有它，你很可能會迷路，被恐懼操控，無法發揮你的最高潛能或體驗到深度的個人平靜。

所有人類都透過各種微妙的振動體驗到直覺，但這並不是「一體適用」。某些人以腸道內安靜的咕嚕聲或脖子後面一陣顫動，感應到自己的直覺。某些人可能覺得直覺是內心深處的知曉，或雙臂寒意上竄。某些人在夢中接收到直覺的訊息，或在洗碗或洗車時體驗到突如其來的「下載」。直覺的體受感幾乎每一個人都熟悉，因為它們被先天植入我們的本性，如同鳥類有遷徙直覺，蝙蝠有回聲定位，鯨有聲納導航，我們也有自己的內在指引系統。然而，儘管多數人可能忽略這些有價值的信號，但是直覺被喚醒的人卻關心注意。話雖如此，但是只注意到直覺的感受還不夠。無數人注意到他們的直覺，然而卻還是打發走直覺，趕走它，彷彿直覺是錯誤的東西，說它「詭異」和「空穴來風」，關閉它。這就像在交通堵塞時閉上眼睛，或忽略建築物中有火的味道。

換言之，欠缺這種強而有力的內在保護感就是自我毀滅。

你的直覺保你安全，指引你邁向對你有利的事物，遠離對你不利的事物。這是因為直覺使你覺知到五種身體感官無法記錄的事物。直覺被喚醒的人們不僅感應到自己微妙的直覺，也好好聆聽它。他們尋找直覺的標記和信號，而且聽從這些指引。他們用自己微妙的內在羅盤檢查，信任自己的感受，即使感受無法立即得到合乎邏輯的解釋。他們知道，遲早感受會得到合乎邏輯的解釋。

每個地方的人們都會自發地調頻聆聽自己的直覺，因為這是生存所必需。世界演進得那麼快速，老舊系統崩潰得如此迅速，新系統以令人眼花繚亂的速度冒出來，為了導航所有這些狂暴的改變，我們需要自己所有的自然感官都可以派上用場、參與其中，尤其是我們的第六種超級感官。

就連科學家也逐漸開始體認到，我們擁有不只五種感官，因為我們不只是物質存在體（physical being）。研究這個現象的領域叫做「量子物理學」（quantum physics）。簡言之，一切事物都以能量的形式振動，就連我們也不例外。我們的五種身體感官體認到目前在比較緩慢、稠密的外部物質層面中振動的事物，而我們的第六感則調頻聆聽在能量量子層面振動得比較快速的事物。聽從我們的五種身體感官的反饋，可以避免走進交通堵塞或逃離正在燃燒的建築物，那至關重要，同樣地，聽從我們的微妙第六內在超級感官（我們的直覺）也必不可少，可以保證安全，連結到我們的真我，邁向我們的至善、我們的最佳創造機會、我們最珍貴的連結。

承認直覺自然而然同時重視直覺，這些是兩個絕對必要的基本決定，可以迅速啟動你的超級感官重新投入行動。這相當於開啟你的內在GPS（全球定位系統）。不過最能改變人生的卻是第三個決定，亦即：聆聽你的直覺，而且在它確實傳達時，毫不猶豫地跟隨。這是你今天可以做出且最有力量、最務實的決定。

理解你的直覺

直覺是來自你的真我、你的「靈」（與你的有限小我恰恰相反）的指引。你的「靈」不透過思想或言語跟你溝通。它反而跟你的其他感官一樣，透過你的身體以能量傳遞資訊。你想不出直覺，而是感覺到直覺。而且我說的「感覺」並不是指感覺到某種情緒。我的意思是：感應到微妙的能量振動或信號，這些傳達出比較精確地理解目前發生在你人生中的事，勝過肉眼所見或顯而易見的現狀。直覺的運作就像能量上的交通號誌，比如紅色、黃色、綠色，或像合併、危險警告、停車讓行路標，視訊息而定。你的「靈」的溝通就像衛星GPS，揭示前方的道路，在你前行時，發送預先的警告和有用的方向。一旦接受自己擁有這個超級感官，你就會自動地找出它指引你的信號。

就跟路標一樣，如果你的內在GPS關閉了，或是如果你不注意、分心或充耳不聞，就很容易錯過你的直覺。假使情況如此，你便浪費時間，最終來到你不想在的地方、掉頭、偏離路線或完全迷路。直覺幫助你避開這個麻煩，快速地讓你看見如何以有可能最安全、最直接的方法抵達你想去的地方。它還指出你可能不會注意到的美景路線（因為你甚至不知道有這條路線），連結你與絕佳的人生旅伴。直覺是可靠的羅盤，不斷地指引你邁向安全和順流，遠離不必要的干擾和麻煩。它以微妙、溫和、低語的方式做到這點。

幾年前的夏天，我的個案亞當在科羅拉多州丹佛市下城區看完落磯隊（Rockies）的季度每週棒球比賽，然後開車上路，準備跟幾個朋友見面喝一杯。他開車去到他們通常集合的酒吧，開始尋找停車位，但是基於某個原因，他的超級感官輕輕敦促他把車停得比平時稍微遠一點，走路過去。於是亞當順著直覺的輕推，漫步過去，沒有多想。當亞當走近酒吧時，他注意到閃爍的燈光、幾輛警車、設法制止群眾的警察。他很納悶怎麼了，於是向旁觀者詢問發生了什麼事。男子解釋說，一幫大約二十名找麻煩的青少年突然間冒出來，擁向街上一群人，而且毆打並搶劫這群人。亞當驚慌失措，奮力擠向前，只見他的兩位摯友倒在地上。很不幸，他們在錯的時間來錯了地點，陷入那場混戰，嚴重受傷。長話短說，他的朋友受了傷、被搶劫，但還好保住了命。

亞當跟隨自己的直覺，遲了幾分鐘才抵達酒吧，那使他逃過伏擊。當時，這沒什麼大不了，但是最終，這個小小的直覺決定拯救了他免於像朋友們的命運。直覺就是這樣運作。它好像耳語，警告你，在你目前的位置與目的地之間有陷阱和障礙，而且如果有必要，為你重新定向，轉到比較順暢、比較安全的能量，遠離麻煩。你的職責是關注並信任這些輕推，而不是質疑或忽略它們。

要取回丟失的零件——你的直覺，而且體認到：它是天然的超級感官。當然，你已經開始這麼做了，否則你不會在閱讀本書，但壞習慣還是很難改掉啊。

回答下列問題：

- 你完全接納你的直覺是天然的超級感官嗎？還是繼續質疑或懷疑這是否屬實？
- 你信任你的超級感官感覺或接收到的資訊嗎？還是你把資訊打發走？
- 你現在覺知到任何直覺信號嗎？是什麼呢？

完全接納你的超級直覺感官是運用它的第一步。因此，今天，迅速啟動你的直覺重新投入行動，藉此取回丟失的零件。

DAY

2

跟隨你的心

直覺跟隨內心。它十分強力地傳達對我們來說最重要的事。舉例來說，母親往往對孩子的安全和幸福有敏銳的直覺。在金融界工作的人們對投資有超級感應。小說作家時常接收到直覺的「下載」，過程中，整個故事和人物不知從哪裡掉進他們的覺知。其他類型的藝術家也是如此。音樂家直覺地聽見他們最終寫出的音樂。畫家看見最終出現在畫布上的景象。某些醫生可以在檢驗報告回傳之前，直覺地感應到患者出了什麼問題。跟隨本能反應和預感的科學家最終取得了巨大的突破。建築師往往可以在還沒有做出任何檢測之前，立即感應到雙腳底下的地面是否堅實到可以在上面施工建造。職業運動員在眼睛看見球的去向之前，就先將身體轉向球。偵探在追蹤犯罪活動時，跟隨自己的預感。如你所見，我們的超級感官跟隨我們的熱情。

另外一個例子是，我寫了三十本書，所有這些書的靈感乃至創作，都是經由自發、直覺的下載。每次開始寫書時，一旦我靜定下來，擺脫頭腦，直覺的指引便立即開始流動。我從來沒有寫過一本書的提案，也不知道該如何寫提案。我熱愛寫作，也愛執行的過程，因為我的書幾乎是它們自行書寫的。

我的兩個女兒都酷愛烹飪。不管哪一個女兒進入廚房，她們的直覺與創意往往便以令人驚喜的方式直接切入。有一次，當時女兒莎賓娜十歲，她向全班宣布她知道如何製作壽司，儘管她今生從來沒有製作過壽司。就此而言，我們甚至很少吃壽司，所以這個聲明不知從何而來。老師和同學們印象深刻，邀請她隔天示範她的烹飪技巧。

那天下午，女兒父親接她放學時，莎賓娜平靜地告訴她爸，他們必須去日本食品市場採買製作壽司捲的材料。身為父親，莎賓娜她爹知道別無選擇，只能答應，於是他們出發尋找日本食品市場。

翌日，帶著材料，莎賓娜自信地走進課堂，令大家驚奇的是，她成功地為每一個人製作了酪梨捲當午餐。那天晚上，我問她怎麼做到的。她只是聳聳肩說：「不知道欸。我就是知道怎麼做。」

這只是舉實例證明，我們的直覺可以提供多少（也就是說，只要我們不阻擋直覺，也不允許他人干擾或阻擋它）。因為我們的直覺契入量子場，它可以讀取的資訊遠遠超過我們的外在感官。如果我們跟隨自己的心，追求自己所愛，循序漸進地信任自己的第六感，它就能以非凡的方式指引我們。莎賓娜在上學那天製作壽司時發現了這點。

直覺幫助你創造

我有位個案名叫艾美，她熱愛將舊衣服重新設計成清新、酷炫、現代的服裝，這是她在初中時期養成的興趣。整個高中時期，因為追求自己的熱情，艾美會跟隨自己的直覺去到鎮上的各家二手店，她經常在那些店內發現華麗布料製成的精美廢棄衣服（當時的她絕對買不起這類新布料）。在這些商店工作的人們很快結識了艾美，而且讚歎她居然能逮到時機，在垃圾中找到最上等的極品珍寶。精美的復古連衣裙或套裝才擺在地板上出售幾分鐘，艾美就會出現，幾乎像是上了發條。「艾美啊，你就在這附近，運氣真好。」當地救世軍商店的一位女售貨員對偶爾會出現在店裡的艾美說道，「我發誓，好東西出現在後門的那一刻，你就來到前門了。」

高中畢業後，艾美繼續就讀設計學校，時至今日，她依舊認真搜索全美和世界各地的古著二手店，尋找著可以改成精美服裝的便宜貨。她非常成功，她的設計吸引了來自世界各地的人們甚至是名人，來到她的店鋪。

「如果沒有我對復古服裝的超級感應，我就沒生意了。」我們的最後一次療程時，艾美說道，「它是我成功的祕訣。它帶領我找到不再生產的布料和衣服。我覺得自己像偵探，搜尋著下一件偉大的寶藏！」

你的直覺藏在你所熱愛的事物的背後，準備好指引你如何將你所熱愛的事物帶進你的人生。時候到了，該要建立那份連結了。

花些時間好好沉思下述問題：

- 對你來說，好玩是什麼呢？你喜愛創造什麼呢？
- 你最關心什麼事物？什麼人？
- 虜獲你的想像和內心的是什麼呢？

花一整天好好思考你的答案。某些興趣可能會立即浮現腦海，假使情況如此，好好注意你的直覺已經運用到什麼程度。其他好奇和熱愛的領域可能一開始會被你的頭腦忽略，但隨後必會冒出來。現在或等一下都行，好好注意你的直覺如何在場幫助你成功。

舉例來說，我愛的不只是寫作。我也愛我的家人、我的房子、旅行、很讚的餐廳、購物、找公寓、結交新朋友、創作影片、觀賞外國電影、室內設計、時尚。這是我不假思索就可以列出的。

我的直覺在所有這些領域幫助我。事實上，認識我的人經常說我最幸運了。承認你熱愛什麼，而且讓你的直覺參與進來，你也可以很「幸運」。

DAY

3

從常識開啟

你的超級感官偵測能量的振動波，這些振動波源自於幾個地方，某些來自你的身體內，某些來自你周圍的世界。這些能量的散播主要由你的心和腸道接收。其他能量則在你的後腦勺、雙臂、頸部、咽喉區、沿脊椎上行時被感覺到，某些甚至可以在你的耳邊響起。我們在潛意識上接收到的直覺資訊，多過我們領悟到且表達出來的訊息。

舉例來說，直覺振動前行並穿過我們的腸道，於是有「腸道感覺」（gut

feeling，即「本能」、「直覺」）一詞。沿著脊椎上行的直覺振動令我們感到「寒意」。直覺的振動穿過我們後頸的毛髮，於是寒毛直豎。當我們聽見在能量上不一致或不真實的事物時，我們會說它「聽起來不真實」。直覺的資訊波也可能影響我們的視界，因此有「我就是看不見」或「我明白（see）你的意思」等說法。當某事直覺上不起共鳴或感覺不真實或不安全時，我們甚至說：「這在我嘴裡留下不好的味道」或「我聞到老鼠味」。不管情況如何，我們全都首先在體內接收到能量的傳達，然後才設法用腦子解譯。因此，照理說，你的身體狀況越好，你就越能感應到這些寶貴而微妙的直覺訊息，它們設法引起你的關注。

你的身體需要照顧和保養，才能成為不錯的接收器，它不需要煞費苦心就可以體認到，舉例來說，當你疲倦、飢餓或有壓力時，你的身體的頻寬收縮，你的直覺黯淡無光。另一方面，當你的身體營養好、放鬆、有足夠的水分、沒有壓力困擾時，它更好地調頻聆聽你周圍的能量，於是比較直覺的訊息傳過來。你的身體越是始終如一地得到良好的保養和照顧，你的超級感官就會運作得越好。

從基本的檢查開始

你把自己的身體照顧到什麼程度呢？你吃得好嗎？還是你對吃什麼毫不在意？如果你吃得好，你知道這使你的思緒敏銳，開啟你的直覺接收器。反之，假使你吃不好，疲累和腦霧襲來，於是你充耳不聞，甚至可能失去知覺。如果你想要調頻聆聽，最好避開垃圾食物、難消化或油膩的食物、耗竭你的能量的其他任何東西，尤其是糖。事實上，讓直覺下線的快速方法莫過於，匆匆忙忙地吃下太多甜甜圈或餅乾，導致血糖急速上升隨後急劇下降。

然而，比較聰明的方法是，好好注意哪些食物最能支援你的身體並食用這些食物。要儲備新鮮食物，例如水果、蔬菜、穀物，而且事先準備好，方便隨時拿了就吃，不會被過度加工的食品誘惑。要注意，吃健康食物時，你的感覺好多少，以及你的直覺覺知力敏銳多少。

我的個案娜塔莉體認到麩質害她偏頭痛、紅酒使她抑鬱和憤怒，於是她停止食用這兩種食物。做出這些改變才幾天，她的超級感官亮了起來，指引她採取更多方法改善健康以及緩解折磨她多年的抑鬱症。娜塔莉聽從剛被活化的內在指引，開始澈底檢查她的飲食。除了避開麩質和酒精外，她還戒掉了精製糖，而且三個月後，她十年來首度停掉抗抑鬱藥。此刻，我絕不是說飲食可以治癒抑鬱症；只是對娜塔莉來說，這個方法剛好有效。回想起來，她說：「我知道我的飲食使我感覺糟糕透頂。由於聆聽內在的指引，我現在也去看身心治療師，而且正在改變我的職業道路。多虧了我的直覺，我做出了許多改變，不過是從飲食開始。」

準備健康食物往往意謂著為自己烹飪，但這也不一定是複雜或耗時的雜務。事實上，烹飪可以輕鬆愉悅。我的大女兒桑妮雅喜愛邊準備新鮮蔬菜湯，邊聆聽她最愛的播客節目，在漫長的工作日後放鬆身心。

為了使你越來越機智且迅速啟動你的超級感官，一天至少規劃一頓均衡、新鮮的餐點，而且自己製作或讓某人為你製作。今天，人們越來越覺知到健康食物的重要性，假使你不善廚藝或沒有時間烹飪，多數的外賣app上都有健康的選項。

我們飲用的東西也影響直覺。脫水使覺知萎縮，因此水就是解藥。儘管許多因素影響一天需要多少水分，但可以遵循的共同目標是，每天喝大約六到八杯水，才能適度地補充水分。你現在喝多少水呢？咖啡不算哦。如果有什麼要說，那就是，咖啡和含糖飲料導致更進一步脫水，即使它們是液體。酒精使你脫水得最厲害，加上酒精改變你的感知，麻木你的覺知，從而關閉你的直覺。

假使你想要喚醒直覺，就要將常識應用到自我照顧和身體保養；你必會一路走來感覺比較好。跳過第四杯咖啡，把第三杯雞尾酒傳給別人，改成多喝水。當你的身體重新充滿它需要感覺美好和正常運作的能量時，你會驚訝自己的直覺力好上許多。

除了食物和水之外，睡眠也是直覺的基礎，因此夜裡好好睡個覺也應該成為當務之急。從早點上床睡覺開始。若要讓自己為邁向成功做好準備，要關掉新聞，藏好手機，找顆最好的枕頭，在睡前洗個溫暖、放鬆的澡。在浴缸中聆聽你最愛且使人平靜的音樂，例如帕海貝爾（Pachelbel）、泰雷曼（Telemann）或韋瓦第的巴洛克鋼琴曲，這些在 Spotify 上全都很容易找到。你可以在浸浴時關掉頭頂上方的照明，沐浴在薰衣草香味的燭光中，增強平靜的心情。在水中加些瀉鹽也可以放鬆肌肉。此外，這可以清理氣場和放鬆腦子。

上床後，閉上眼睛，聚焦在呼吸。想像吸入具療癒作用的能量，呼出其他一切。發揮想像力，將氣息吸進你的心，經由腹部將氣息吐出。隨著你定下心來，想像你融化到床裡。假使你難以入眠，要聚焦在休息和放鬆，而不是設法強行入睡。只要你放手，身體就可以自行修復。

白天，要創造可以讓「心靈呼吸」的內在空間。不要刻意安排每時每刻；要留出若干空閒時間讓自己重新充電。然後確保你信守那些與自己的約定。要對自己的身體信號敏感且有所回應，而不是忽略它們——舉例來說，需要上廁所就上廁所，而不是延遲到某項工作完成。背疼時，好好伸展一下，而不是持續彎腰駝背幾小時。要動動身體，那會使你的注意力變敏銳。

最後，成癮（尤其是毒品和酒精成癮）擾亂你的超級感官且逐步削弱你的美好意圖。在追求更高的境界時，要將那堆自我破壞的行為拋諸腦後。在你更進一步之前，要誠實承認你是否需要有人幫忙戒癮。假使你飲酒過多或體驗到飲酒的負面影響，那就該是戒酒的時候了。同樣適用的有吸食大麻、吸毒、暴飲暴食、賭博或導致身體超負荷的事物，那削弱你調頻聆聽和保持覺知的能力。就連購物成癮也可能鈍化你的感官，因此要坦誠面對，保持清醒，如果有必要，尋求建言與支持。

假使你的身體擁有它所需要的支持，它就自然而然地成為優秀的直覺接收器。當身體得到良好的照顧，它便定期廣播和接收訊息，那可以使你保持有活力、安康、順流而行。因此，要把頻率往上調，好好收聽。那甚至可以救你一命。

今天，好好評估你的身體的整體安康。該是大檢修的時候了嗎？你需要大大調頻向上嗎？還是只需要多一些水呢？今天的重點是，將放進體內的飲食與它如何影響你的直覺連結起來。要確認幾種可以更好地支持你的身體的方法，讓身體運作順暢，成為直覺的接收器。要從一或兩項較小的改變或改善開始，例如，早餐吃高蛋白奶昔，而不是吃甜甜圈，白天喝水，而不是喝軟性飲料或更多的咖啡，然後持續努力。關鍵在於：要體認到什麼對你的身體有幫助，什麼對你的身體沒有幫助，然後做出一或兩項聰明的改變，那會幫助你感覺比較美好且更有覺知力。

DAY

4

扎根接地

若要最好地調頻聆聽我們的直覺，保持冷靜與扎根接地很有幫助。這是因為扎根接地時，我們處在比較放鬆、清明、善於接收的狀態，那使我們能夠感知到微妙的能量（也就是直覺），否則就會錯過。然而，當我們不扎根接地時，調頻聆聽內在指引的挑戰便大上許多，因為假使不扎根接地，我們便處在緊急狀態，也稱作「戰鬥或逃跑」（**fight-or-flight**）。這種焦躁不安、隨性反應的狀態，使我們充耳不聞自己的內心和內在聲音，使我們大大遠離有用的指引。事實上，當我們不扎根接地時，我們聽不見多少聲音，因為我們的恐懼正在大聲尖叫。

不幸的是，這正是我們最需要超級感官指引我們的時候。我們全都體驗過那些時刻——在工作上面對戲劇性事件，導航穿越挑戰性十足的情境或家中某人的怒氣，不然就是，卡在車陣中，而且由於沒有備用計畫，瀕臨錯過航班。遺憾的是，我們的直覺在這些不扎根接地的時刻化為烏有，於是心中的恐懼吞噬我們。但是如果我們可以體認到，自己何時變得不扎根接地、是什麼原因造成的、如何修正這點，以及最重要的是，是否可以盡快地讓自己重新扎根接地，那麼這事就不必發生。

如何知道你是否不扎根接地？

讓我們先體認一下自己何時不扎根接地。當你不扎根接地時，你可能會在情緒上感覺到：

- 有壓力
- 隨性反應
- 焦慮
- 分心
- 害怕
- 生氣
- 防禦
- 無所適從

- 情緒泛濫
- 矛盾
- 健忘
- 不耐煩
- 不感興趣
- 坐立難安
- 鬱鬱寡歡
- 被威脅或不安全
- 彷彿你的電路正在燒毀

不扎根接地時，你可能還會在身體上感覺到：

- 虛弱
- 搖搖欲墜
- 熱淚盈眶
- 筋疲力竭
- 腦子昏沉沉
- 焦躁不安
- 神遊太虛
- 驚慌失措
- 呼吸急促或呼吸淺短

如果不夠扎根接地，你甚至可能會宛如神遊太虛或逃離情境。這是大家非常熟知的經典的戰鬥或逃跑狀態。

此外，由於我們是在能量上有所回應的生命體，一個高度不扎根接地的人也可能會使其他人的能量不穩定。這往往引發焦慮的骨牌效應，導致附近的人們產生雪崩式隨性反應的情緒。想想度假時典型的家庭爭吵，當時，你們找不到旅店，或是大家都餓了，而且深夜找不到食物，導致集體崩潰，在車內爆發憤怒、指責的言語。

大家都知道，今天的生活壓力大，何況焦慮具有感染性。個人感覺不扎根接地可能會使我們感到神經過敏、緊張不安、無法清晰地思考，同樣地，社會感覺不扎根接地，也可能會使人們掉進偏執的群體思維和陰謀的兔子洞。當我們不扎根接地時，就會失去透視感和判斷感，於是很難讀取我們的直覺以及接收我們需要的內在指引。

新婚不久的個案丹妮絲和她丈夫傑克，最近開始翻修位於芝加哥的一棟老式維多利亞風格住宅，這是他們購買的第一棟房產。翻修案剛開始不久，他們就發現，翻修範圍比他們原本想像的規模大上許多、昂貴許多，令人不知所措、壓力重重，這對雙方來說都是極不踏實的事。

紛亂的生活空間、令人頭暈的施工噪音、工程意想不到的成本大出血，讓丹妮絲和傑克異常焦躁且無所適從。因為沒有意識到自己如此不扎根接地，他們試圖與承包商及合作工人爭論（但主要是兩人彼此爭論），藉此重拾操控權和穩固踏實。不知不覺間，他們倆分裂了，而且以離婚威脅對方。

在這段艱難期，丹妮絲來找我做直覺解讀，她說：「我好困惑。我們買下這棟房子的時候，我的直覺深信，這對我們來說是對的事。我知道會有壓力，但是不會大到這種程度。不過，從我們搬進來、開始裝修後，我擔心我犯了今生最大的錯。我無法忍受混亂、噪音、成本，尤其受不了傑克。我好氣他，氣他非常負面，老是隨性反應，氣到想把他踢出去。我的直覺怎麼會錯得那麼離譜啊？」

我理解丹妮絲的感受。她和傑克的處境十分不接地氣，那確實會帶出任何人最糟的一面。他們沒有幫助彼此重新站穩腳跟，找到回歸中心的路，反而把所有的焦慮投射到對方身上，導致兩人分裂得更厲害。

我向丹妮絲保證，她的直覺並沒有誤導她買下這棟房子。那是划算的買賣，而且她和傑克遲早會愛上那棟房子，但前提是，在此期間，他們必須扎根接地，停止你一言我一語。我提醒她，這種情況不會永遠持續下去，但是他們需要重新調整，才能度過難關。

一旦丹妮絲明白，如此不接地氣害他們蒙受巨大損失，她便要求傑克和她一起報名拳擊班，以此釋放兩人激烈的情緒，防止彼此攻擊。這個做法奏效了。上次我聽說，他們熬過了那次翻修，目前還在上拳擊課。

什麼因素使你不扎根接地呢？

許多事物可能會使我們不扎根接地，我們今天生活在引發焦慮、上下顛倒的世界中，情況尤其如此。當你接觸不到蘊藏在身體內、住家裡、工作中、友誼間乃至地球上的穩固保障感，加上氣候變遷，導致許許多多的動盪，不扎根接地的情況就會發生。

不扎根接地的情況，首先發生在你的身體得不到正常運作所需要的東西時。如果你累了、餓了或渴了，你可能很快變得不扎根接地，所以我昨天重點討論了〈從常識開始〉。

外在影響也可能會使你不扎根接地。許多人沒有覺知到這點，但是諸如嘈雜、不和諧、擾人的噪音這類簡單的事物，卻可能使你感到深深地不扎根接地，尤其如果你善於同理或高度敏感，或在經常大吼大叫和打架爭執的家庭中長大。

你的環境或日常生活中的改變，甚至是正向的改變，也可能會非常令人不扎根接地。當人生是可預測的時候，人類感到最安全；當那樣的情況消失時，我們感覺受威脅，這是感覺不扎根接地的另外一個徵兆。可預測的境況使我們感覺扎根在自己的生活中。這些為我們帶來安全感和歸屬感。改變那個可預測的流動往往使我們感到不安全和不確定，就跟丹妮絲和傑克一樣。

驚嚇到你的情境和人們使你不扎根接地。財務困境、不值得信任的伴侶、突如其來的疾病，乃至新戀情，都可能使你不扎根接地，因為你可能感覺失控了。我們是敏感的生物，如果不覺知，很容易變得不扎根接地。這種事每天發生。而且當然，任何危險情境或你感到個人邊界受到侵犯的情境（從遇到扒手到遭人襲擊），都可能會造成嚴重的創傷和不穩定。

害我們不扎根接地的日常事物：

- 邊界不清
- 改變
- 過度投入
- 爭辯
- 權力鬥爭
- 暴力
- 身邊有壓抑或攻擊型的人
- 有人刻意設置障礙
- 被霸凌

• 被攻擊
• 感覺很脆弱
• 感到被孤立
• 資金困難或意想不到的賬單

換言之，幾乎人生中的任何事物都可能使你不扎根接地，因此你有必要擁有工具，才能盡快再次變得扎根接地。唯有接地氣了，你才能調頻聆聽你的直覺，跟隨你的超級感官回到穩固踏實。

要變得扎根接地。今天開始，至少一次，抽出五分鐘的個人休息時間。自己一個人坐下來，請別人不要打擾你。持續坐五分鐘可以重新調節你的神經系統，放鬆情緒，使你重新連結到大地。你一定會感覺到不一樣。然而更好的是，在戶外這麼做，在公園的長椅上或與大自然有所連結的其他地方。這必會提醒你，扎根接地是什麼感覺。然後會比較容易體認到何時不扎根接地，並在未來快速調整好。

還好，變得扎根接地並不困難，主要是需要覺知和一些實際的調整，才能重新連結。呼吸是第一步。這聽起來再明白不過，但我們卻屏住氣息，因為不扎根接地時，我們擔心害怕。這使我們處在戰鬥、逃跑或凍結的狀態。呼吸為我們的腦子提供氧氣，那幫助我們聚焦，使我們的中心再次回歸到自己的身體內。

首先坐在椅子裡，雙腳平放地板上，背部挺直。接下來，經由鼻子慢慢地吸氣，然後從嘴巴呼氣，彷彿你正透過吸管吹熄蠟燭，重複二到三次。這種呼吸技巧釋放不扎根接地時湧入你的系統的腎上腺素，幫助你平靜下來，調整好。

一旦你感覺比較平靜，就恢復正常呼吸。呼吸時，一手放在胸部，另一手放在腹部。想像你的雙腳植入地下，如果有可能，設想雙腳有根，深深扎入大地。閉上眼睛，發揮想像力，呼吸，讓氣息從雙腳上行，進入腹部。想像氣息從你的心吐出，邊這麼做，邊將你的壓力釋放到宇宙中。

如果時間允許，至少重複十次或十次以上。

一旦你感到扎根接地且放鬆，就將注意力轉到你的直覺，詢問你的超級感官，下一步該怎麼做。然後大聲回答，讓你的內在指引說話。

以下還有一些快速重新扎根接地的其他方法。因為許多使我們扎根接地的部分都集中在我們的物質身體與神經系統，所以返回到昨天提過的自我照顧，才能達到重新扎根接地的最佳效果。

可以嘗試：

- 早晨吃些堅果或蛋白質
- 喝一杯溫水，一天六到八次
- 觀賞好笑的電視節目
- 聽音樂
- 花時間獨處
- 散步
- 停下你正在做的任何事
- 跳舞
- 烹飪

- 繪畫
- 玩樂器
- 在花園裡工作
- 摺疊衣物
- 大笑
- 鍛鍊
- 告訴自己，一切正常或不久就會一切正常
- 假使極度不扎根接地，那就進入淋浴間，好好尖叫一下

DAY 5

認識你的信使

若要調頻聆聽你的直覺，最直接的方法是，聆聽你的物質身體的直接能量反饋。你的頭腦往往調頻聆聽你的小我，小我過濾和扭曲資訊，相信未必是真理的資訊，甚至可以說服你背叛自己或更糟。另一方面，你的身體聆聽你的「靈」，「靈」誠實而精準地反映能量在振動層次上如何影響你，而且指引你邁向安全和最佳結果。你的超級感官經由微妙的身體信號溝通交流，例如，隱隱作痛、疼痛、激動、波動、緊繃、勞累乃至疾病，所有這一切都是為了保你安全、使你與「真我」相映契合。當然，這些直覺信號會根據它們試圖告訴你的訊息而有所不同。

還好，你的身體是誠實、坦率、直覺的信使。如果你在正確的軌道上，做著支持你的靈魂和「靈」的事，你一定會感覺比較自在、充滿生氣、放鬆、平和、順流。你的心將會打開且穩定地跳動。你的能量會增加，而且你一定會相對上沒有壓力。話說回來，如果你目前做出的選擇損害或忽略你的內在指引，或是如果你發現自己處在不和諧的能量情境中，或與威脅或擾亂你安康的人們在一起，你的心臟必會猛跳，血壓會上升，高度警戒狀態會破門而入，比較難以入眠，你的身體甚至可能會受傷。

假使你長時間忽視這些身體信號，你的身體必會提高音量，設法更努力地吸引你的注意。這些更大聲的信號導致更大的緊張、易怒、失眠、隨性反應、焦慮，或從輕微到比較嚴重的身體失調。如果你完全忽視身體的徵兆，「紅色警戒」警報器可能會響起，力圖阻止更嚴重的身體不適，然後有可能你會生病或抑鬱。

讀取身體語言

還好，你的身體的信號很容易讀取。然後，主要是推論的問題。舉例來說，雙腿或雙腳的問題通常反映出你對人生的方向感到不確定，或覺得不踏實，卡住了，或是對極其自立自強以及能夠靠自己的雙腳站立感到沒保障。

我的個案蘿拉開始覺得雙腳和小腿麻麻刺刺的。她還感覺到雙腳和小腿有奇怪的麻木感，導致她分心。她去看醫生，醫生診斷她罹患了無法解釋且無法治癒的神經病變，而且告訴她，對此，能做的不多。她的超級感官告訴她，醫生的診斷不對。她的第一站是一位自然療法師，對方給她補充劑、維他命B群、特定的伸展運動，以此緩解她的症狀。這一切都有幫助。然後自然療法師詢問蘿拉，她認為她的雙腳正在跟她說什麼她可能忽略的事。她立馬知道答案。她以前從來沒有說過這樣的話，但她承認，她一直想要搬離與酗酒男友不愉快的生活了十年的底特律，回到東海岸她深愛的朋友和家人身邊。

她直覺地知道，雙腳的刺痛感只是身體的信號，示意她，時候到了，該要放下，繼續前進。她的雙腳睡著了，聽任對她來說完全錯誤的人生，而她需要喚醒它們。由於這個傷腦筋的情況，蘿拉被迫不再忽視她的指引，並在耶誕節之前離開。從那之後，蘿拉沒有後悔過。接下來幾年，她的神經病變慢慢消退，但是她知道，如果忽視身體要採取行動的提示，情況就會變得不堪設想。

胃腸問題、腸躁症、胃食道逆流、其他消化問題可能表示，你感到無所適從、情緒上的滋養不夠，或你無法消化人生或「像胃一樣」接受某些情況。我的個案蘿克珊是獨生女，父母極其富有，她多年來一直患有腸躁症和腹瀉。在排除了每一個有可能的飲食和醫療原因後，有一天，就在睡覺前，她詢問自己的身體，為什麼這樣的事會發生。她苦夠了。十分鐘後，她被一股渴望淹沒，渴求停止依賴父母，渴求長大。她熱愛烹飪健康食品和甜點，而且早就想要開設線上部落格，與飽受同樣消化問題之苦的其他人分享她的食譜。她厭倦了懶散和沒有挑戰，對於過著如此奢華的生活、沒有堅定地發揮自己的創造力感到愧疚。在她的疾病底下，蘿克珊既無聊又失望，因為她沒有時常挑戰自己，這令她覺得不舒服。

她的超級感官告訴她，不間斷的消化疾病是她的小我在懲罰她那麼被動和依賴。在她承認這點的那一刻，她的胃放鬆了。

翌日，她開設了Instagram頻道，專門創作簡單、健康、無麩質、不含乳製品、無糖的甜點。雖然花了一段時間，但最終，蘿克珊贏得了不少的追蹤粉絲，甚至開始在某個線上食譜銷售她的美味食譜賺錢。一旦她決定為自己負責並做自己熱愛的事，她的慢性腸躁症消退了，而且最終完全消失。

心臟問題往往關聯到與自己的情緒斷連，也可能反映付出和接受愛的相關挑戰。同時，頸部和咽喉課題可能與很難大聲說話或暢所欲言、被聽見，或以開放的心意聆聽世界有關。眼睛有問題往往表示有感知、看法、觀點方面的問題，例如，不想看見或害怕看見前方的景象。

當然，這是「靈」如何與身體溝通的高度簡化版本，而且在遇到身體課題時，它絕對無法代替尋求專家的協助。它只是表示，我們的身體傳達我們的頭腦可能忽略、埋藏、否認、充耳不聞，或單純就是錯過的東西。你的身體是你的摯友和誠實的信使。因此，照顧你的身體應該包括聆聽它的能量信號。越來越多的醫生們體認到這種身心靈與健康的連結，於是詢問患者有何直覺，以此協助治療。我們的身體十分精密和複雜。因此，我們需要好好疼愛自己的身體，聆聽身體的聲音，為身體提供保持健康所需要的一切支持。

當你棄船時

遺憾的是，許多人遭到身體、情緒（尤其是由於身體羞辱）和性虐待。當事人熬過這類可怕侵犯的一個方法是：對自己的身體完全麻木。在你可以找到支持你的安全療癒師協助你康復之前，這套策略運作得很好。然而，這並不是長期或終生的好方法，因為當你麻木自己時，你變得更容易受到侵犯的傷害。

假使你曾經遭受暴力或虐待，或很難舒服自在地待在自己的身體內，請務必知道你可以痊癒。某些痊癒的有效方法是操練溫和的瑜伽、學習呼吸法、諮詢致力於EMDR（eye movement desensitization and reprocessing）眼動療法的執業人員。貝塞爾·范德寇（Bessel van der Kolk）醫師的《心靈的傷，身體會記住》（*The Body Keeps the Score*）是世界上療癒過往身體虐待和身體羞辱的最佳著作之一，書中詳細闡述了上述建議。這本書容易閱讀，而且提供深邃的療癒指引，獻給對自己的身體麻木或卡在身體創傷裡的任何人。確實，這本書值得每一個人閱讀。

今天，好好善待你的身體。它是你的摯友，也是強而有力、坦誠、充滿愛的信使，要被你好好照料和疼愛。首先，千萬不要批評你的身體。如果你習慣排拒身體的任何部位，感覺它不知怎地就是不可接受，務必好好道歉。舉例來說，假使你經常哀嘆自己的體重、體型、毛髮或沒有毛髮、腳的大小、皮膚的狀態，或你的身體自我的任何其他面向，要停下來，說道：「對不起，身體。我愛你。請原諒我。感謝你成為我的靈今生的完美容器。」或者只是說：「對不起。我愛你，也欣賞你。」

另一方面，你可以讚美你的身體，而且我鼓勵你經常這麼做。舉例來說，熱情地說道：「我愛我的頭髮。」「我愛我燦爛的笑容和絕佳的能量。」「我非常感恩自己的身體健康和體力。」「我很美，內外皆美。」諸如此類的讚賞陳述，重建並強化你的身體與頭腦之間的直覺對話，因為我們更仔細地聆聽自己熱愛和重視的事物。

接下來，詢問你的身體是否有什麼事要告訴你，然後大聲回答。要擺脫腦袋，不要讓你的邏輯腦干擾這次對話。反而要好好聆聽你的身體在說什麼，信任你的直覺詮釋。如果感覺哪裡不舒服，要承認。對於感覺正向且鼓舞人心的事物，同樣要承認。保持好奇和敞開，樂於接受任何潛在的訊息。要興致勃勃地觀察並詢問你的身體，（如果有問題）到底是哪裡出錯了。如果你想知道，你的身體一定會告訴你答案以及為什麼。

不需要玄祕學家就可以解讀和理解你的身體的訊息——畢竟，它是你的身體。你越關注且試圖理解你的身體的信號，就越能夠精準地詮釋它所提供的直覺指引。

DAY 6

靜心冥想

靜心冥想（meditation）是調頻聆聽直覺的最佳方法之一。靜心冥想以幾種方式幫助喚醒你的超級感官。首先，它讓你的頭腦安靜下來，允許你調頻聆聽比較微妙的洞見和感受，那些是思考和強烈情緒可能會蓋過的。靜心冥想只不過是讓頭腦安靜和放鬆的日常練習，它不會阻止我們思考或感受，反而幫助我們超脫思想，減輕我們對世界的隨性反應，包括內在和外在。

靜心冥想提醒我們要好好呼吸，那是一大解脫，尤其是對時常四處奔波、設法勉力處理眼前一切、難以跟上要求的人們來說。在那些情況下，我們可能會發現自己呼吸淺短、因心跳飛快而屏住氣息、處在不斷高度警戒的狀態，這些沒有一項對我們的（心智或身體）健康有好處。假使情況如此，靜心冥想就變成良藥。最終，它提醒我們，我們並不是在自己頭腦中飛竄的念頭，何況其中許多念頭有害、嚇人或充滿焦慮和恐懼。靜心冥想恰恰相反，它鼓勵我們後退一步，溫和地觀察我們的念頭和感受，彷彿它們不過是路上疾馳而過的汽車。靜心冥想教導我們讓念頭和感受經過，而不是追逐它們。

靜心冥想在我們的腦袋裡創造出更多開放空間，也在我們的身體內創造出更多的地方，讓我們讀取自己內在的聲音。它使我們扎根接地，允許我們好好呼吸、放鬆、重新組合、冷靜下來，從戰鬥或逃跑反應轉換成觀察與客觀，邁向更有意識、直覺指引的回應。

靜心冥想幫助我們在人生中做出更好的抉擇。它軟化我們的心、使我們敞開思維、緩解我們的壓力，而且趕走霸凌我們、擺布我們、使我們感到防禦和被圍困的心智「老虎」。靜心冥想是連結到內在指引的最直接方法。它幫助我們調頻聆聽我們的「高我」、天使、指導靈、整個神性支援系統，邀請我們每天因宇宙的撫愛而感到安心。

靜心冥想最扣人心弦的原因之一是，它幫助你在行動之前檢查自己的直覺。由於落實靜心冥想，它防止你衝動行事，使你不至於對周遭發生的事過度隨性反應，也防止你被內在的恐懼操控，從而做出不假思索且無效的決定或偏離軌道。靜心冥想反而讓你在行動前冷靜地讀取你的直覺，了解最有利於你的是什麼。

舉例來說，我的個案諾拉是一家大型百貨公司的顧客服務員，努力讓打電話進來的顧客滿意，因為在顧客聯繫百貨公司時，通常激動焦躁、憤怒、準備大吵一架。多數日子，她在回家時感到精疲力盡、難以招架、情緒上遭到挫敗沮喪的人們毒打，那些人因為失望和不高興而在電話上猛烈抨擊她，沒有體認到她只是在設法幫忙。

儘管如此，她還是熱愛自己的工作，設法保持鬥志並盡力而為，直到雄心勃勃的新經理出現。為了提升百貨公司的整體顧客服務評級，新上司開始監視公司的所有顧客服務員，包括諾拉在內，而且開始經常批評他們做得不夠（根據諾拉的說法）。上司尤其盯上諾拉，指責她沒有迅速解決顧客的問題，說她是成效不彰的團隊成員，無法提升公司的評級。上司更進一步指責諾拉態度惡劣，很難溝通，因為諾拉在被上司斥責後，往往沉默地坐著，被以前從不曾針對過她的指控驚呆了。如果有什麼可以自豪，諾拉很自豪自己能夠好好傾聽顧客說話並協助對方。不幸的是，她的新上司不細心、不樂於溝通，也不樂於幫助顧客。

日復一日，在如此無休止的譴責下，諾拉開始越來越覺得被攻擊，也越來越戒備防禦。終於有一天，在面對源源不絕的暴怒顧客與高壓型的上司之後，諾拉發脾氣了，她朝上司尖聲大喊，要對方離遠一點。

那事的進展並不盡如人意，諾拉收到了人力資源部發來的警告，告訴她需要參加溝通改善課程，才能保住工作。氣到抓狂的諾拉打電話給我。她怒不可過，生氣又害怕，不知道如何扭轉情勢，即使她知道自己必須那麼做。她不能像之前那樣自由地發洩，需要控制住自己的情緒，儘管那份工作原本已經要求極高的抗壓性，而她現在又體驗到難以忍受的不斷挑釁和批評。「我不想失去工作，」她哭著說，「可是我就是無法忍受我的上司，也不知道該怎麼辦。」

我鼓勵諾拉靜心冥想，以此減輕壓力，緩和她的隨性反應，找到通向內在指引的道路。我澄清說，雖然靜心冥想取代不了自我控制，但卻可以增強她鍛鍊自我控制的能力，而且可以得到指引，明白下一步該怎麼做。無奈之下，她同意了。諾拉慢慢地開始，運用簡單的數到四呼吸技巧幫助自己平靜下來。我鼓勵她做這個靜心冥想，包括每天早晨以及白天工作期間被人或情境挑戰時。有東西可以倚賴讓她如釋重負，於是同意嘗試一下。

幾週後，諾拉打電話告訴我，她原本決定要辭職。事實上，她打定主意要那麼做，即使當時並沒有找好下一份工作。可是在靜心冥想的時候，她突然間有股強烈的直覺，要堅持下去。她聽從了自己的指引，決定再多待一陣子，即使她完全受夠了。熬過難以忍受的三天，然後她上司的上級把她叫進辦公室。喔不，她心想。要結束了。我要被炒魷魚了。結果，她反而被告知，她那可怕的上司被解僱了。她獲得了目前空缺的職位。

「如果我沒有開始靜心冥想，」她分享說，「我一定會失業、滿腔憎恨。結果，我反而比以前更平靜，能夠應對更多的壓力，感覺前所未有地連結到我的內在指引，而且我升職了！」

嘗試這個「我本是平靜」（I AM calm）靜心冥想。新的一天，先從我教給諾拉的同一個簡短靜心冥想開始：

安靜地坐在椅子上或在床上坐直，背部挺直，眼睛睜開。一手放在心臟位置，另一手放在腹部。環顧房間，確保自己安全無虞。當你感覺舒服時，輕輕地閉上眼睛，把氣息完全吐出。然後吸氣，將氣息吸入心口上那隻手的位置，數到四。要堅持數到四。接下來，吐氣，將氣息從腹部那隻手的位置呼出，數到四。同樣堅持數到四。重複這個過程。

吸氣時，要對自己說：「我很平靜。」呼氣時，重複這句話。吸氣：「我很平靜。」呼氣：「我很平靜。」繼續，直至你感到平靜為止。五到十分鐘的靜心冥想便足以迅速啟動你的超級感官。

DAY 7 保持正念

除了靜心冥想外，若要喚醒你的直覺，保持正念也是非常有裨益的養成技巧。保持正念也是美麗的實踐，可以真正轉化你的人生。正念（mindfulness）意謂著有意識地將你的全部注意力集中到當下時刻，而且張開雙臂擁抱它，不抗拒或評斷。保持正念意謂著，歡迎不管什麼樣的念頭、感受或境遇升起，以輕鬆的回應度過一天。

正念意謂著擺脫腦袋，關注此時此地。理想情況下，這允許你體驗到人生的豐富以及每時每刻的優美，而不是擔心恐懼的情緒和分心的念頭纏繞，導致持續的噪音充斥以及隨性反應兼竊喜的喋喋不休。保持正念也意謂著不妄下結論，允許直覺而不是你的小我指引你。

如何變得更加正念

保持正念從關注你現在的位置開始。正念實踐訓練你的頭腦安定下來，保持安靜，注意世界如何開展。它使你省掉因抗拒正在發生的事而造成不必要的情緒損耗，或因日思夜想、匆匆忙忙、分心分神（在我們這個科技掛帥的世界中，這一切實在司空見慣）而造成你必會錯失遺漏的挫敗感。

正念創造出內在的空間和情緒的頻寬，可以有意向地回應人生，而不是激動異常、對抗或錯過當下發生的事。它是向我們大家發出「停下來聞花香」的邀請。

變得正念比你想的容易。它開始於將「臨在」作為優先事項的意願。一旦你決定變得比較正念，唯一的另外一項挑戰是：記得要實踐。保持正念可以逐漸養成你的直覺的最大原因之一是，除了平息日常生活的噪音和分心以及邀請你轉向內在之外，它還創造出需要的安靜，讓直覺的內在聲音可以被聽見。保持正念讓你的神經系統平靜下來，放大你的感官，於是你不會錯過微妙的直覺信號和線索，那些很容易被喧鬧的心智雜音所淹沒。保持正念也邀請你的高我、你的「靈」，帶領你度過一天，讓你更快速、更輕易地接收到直覺的下載。事實上，正念放大直覺。你越保持正念，你的內在環境就變得越安靜，你與內在聲音的連結就越緊密。

瑪麗安在芝加哥是才華橫溢的建築師兼後起之秀，從第一天被要求與她的同事茱恩一起完成某項專案開始，她就幾乎無法忍受。瑪麗安發現茱恩傲慢、不耐煩、缺乏想像力，而且批評挑剔瑪麗安的點子，這激怒了瑪麗安。兩人之間的關係變得非常緊張，因此瑪麗安要求上司將她調離那項專案，而且對與她相處融洽的上司講述了原因。可是上司並不同情、也不同意她的請求，反而告訴瑪麗安，要堅持到專案結束，因為儘管有分歧，但是她們的合作結果卻非常出色。瑪麗安不知道在專案結束之前，該如何再忍受茱恩六個月，於是來找我尋求建言。我建議瑪麗安把茱恩當作修練正念聆聽的對象，這是她從來沒有聽過但願意嘗試的事。

在下一個週一的每週專案會議上，瑪麗安應用了我與她分享的一些正念工具。瑪麗安不像平時那樣翻白眼，不理睬茱恩，而是給予茱恩完整、不帶偏見、不帶評斷的關注，好好聆聽茱恩要說的話。當瑪麗安用心聆聽時，她對茱恩的創意印象深刻。令瑪麗安驚訝的是，她還直覺地感應到，在茱恩令人不快的行為底下，茱恩不知何故地因瑪麗安而倍感威脅。這份意想不到的洞見令瑪麗安十分驚訝，而且大大降低了她的隨性反應。事實上，一旦瑪麗安更加理解茱恩對她的行為，她很納悶自己對茱恩的不正常反應是否是自己好勝傾向的表現，與茱恩沒有任何關係。

受到這些令人驚訝的連續直覺下載的啟迪，瑪麗安突然間發現，比較容易承認茱恩的優秀想法，甚至支持那些想法。當她那麼做的時候，她們之間的能量轉換了。毒性競爭和負面性的暗流，突然間轉化成更多協力與合作的流動。雖然瑪麗安很難表示她會與茱恩成為最好的朋友，但正念聆聽確實允許瑪麗安養成對茱恩的全新尊重，使她能夠聚焦在專案，較少聚焦在自己的情緒。最終，工作順利完成，而且茱恩與瑪麗安都因為出色的工作贏得了專業的認可。

事後，瑪麗安感謝我，提到正念如何幫助她的事業大大飛躍向前。「我已經準備好要跳槽了，」她笑著說，深信茱恩是令人敬畏的夥伴，「保持正念使我更精準地了解正在發生的一切，而且幫助我了解到，與茱恩有關的部分少之又少，真正的重點在我自己。我八成不會再與茱恩合作了，但是堅持下去，就像我的直覺告訴我的那樣，對我的事業來說卻是最好的事。正念現在是我與每一位合作夥伴的修練。」

正念聆聽涉及全然臨在，關注與你正在對話的人，有耐心，不評斷，不帶著先入為主的觀念。它包括將你的念頭與看法暫且擱置，允許自己真正有空體驗到另外一個人此刻的狀態。雖然這並不容易，但是如果你願意學習，它可以轉化你的專業和個人關係。

正念聆聽時，要聚焦在對方的語氣、言語、肢體語言。在你如此聆聽之際，好好注意你的直覺如何輸入。

日常生活中，正念聆聽周圍的環境也很有幫助。舉例來說，我的個案馬修告訴我，一天早晨，在上班途中，他發現自己在紐約市擁擠的地鐵上，擠在背著大背包的男子與抱著尖叫寶寶的女人之間。噪音與騷動令人不知所措，於是他的壓力迅速上竄，他不需要這些，因為那天早上他有一個重要的報告要發表。

馬修選擇保持正念，停止對抗與憎恨他的處境，反而開始聚焦在他的呼吸和身體的感官覺受。幾次呼吸後，他的頭腦安靜下來，緊張也緩和了，但直覺卻突然間催促他在下一站下車，儘管這一站離辦公室不算太近。馬修聽從了這個信號，在下一站迅速下車，然後走過十個街區去上班。這麼做的過程中，他持續落實正念。他聆聽鳥兒在天空中唱歌，注意到從街角的街頭小販飄來新鮮咖啡的香氣。他甚至注意到，像他這樣匆忙趕赴上班的人們，鞋子踩踏在人行道上的咔噠聲。

這樣的散步讓他平靜下來，對此，他心懷感恩，而且抵達辦公室時，他精神抖擻，有充足的時間預習精彩的報告。那天下午稍晚，馬修聽說他一大早下車的那條地鐵線發生了重大延誤，人們被困，幾小時無法下車。馬修的正念讓他的神經系統騰出空間，拯救了他的工作日。那正是他把正念變成日常修習所需要的一切。

今天，練習這三種不費力的方法，以此促進比較正念的存在狀態。

首先，關注你的呼吸以及空氣流入和流出你的身體有何感受。全神貫注於空氣流經鼻孔、進入上胸部和下腹部、然後再流出的體受感。吸氣時，感覺涼爽的空氣進入鼻孔，填滿你的肺部；呼氣時，感覺你的頭腦變得沉著安靜。吸進新鮮空氣；釋放老舊氣體。進行三或四回這類緩慢、正念的呼吸，然後睜開眼睛，好好注意你的覺知力增長多少，以及你突然間增加多少的內在空間，因為騰出地方，你的直覺才會被聽見。

其次，落實正念飲食。當今，許多人忙碌奔波，一天內完成的事遠遠超出身體健康的承受力，所以我們時常要麼吃太快，沒嚐到食物的味道，狼吞虎嚥，忙於從一個約會趕赴下一個約會，要麼根本不吃，那使身體緊張，耗竭我們的能量，降低我們的覺知。於是，直覺感知當然被拒之於門外。

正念進食只是意謂著放慢速度和品嚐食物。注意放入口中的每一口食物的質地、色澤、味道、香氣。要對抗匆匆完成這事的衝動，反而慢慢地咀嚼你吃進的每一口，一口一口之間要暫停一下。如果你不習慣慢慢吃，保持正念可能會感覺就像折磨，但是要堅持下去。一頓正念早餐只比不動腦的早餐多花幾分鐘，而且改善一切——身體、心智、直覺。這樣的努力值得。

其三，落實正念聆聽。當你真誠地聆聽他人時，你獲得某些微妙的線索，這些線索揭示出你否則可能會錯過的情緒、意念、渴望，激起你的直覺和決策制定。它增進理解、鍛造連結、提升創造力。

正念的祕訣是，在日常生活中放慢速度，時常深呼吸。直接的好處是：不會感覺到匆忙和有壓力，允許你更加自得其樂。

第2週

承擔責任

第一週，你喚醒了你的直覺超能力，體認到它在你體內的獨特信號，而且創造了理想的條件，使你的直覺在你的人生中大顯神威。第二週，我們將會繼續這趟賦能培力、改變人生的探險，識別並移除掉任何自我破壞的態度和行為，哪些想法阻礙你的直覺且使你活在黑暗之中。我們還會養成實用的技巧和習性，根據你的需求讀取你的直覺。

DAY 8

移除路障

假使直覺那麼自然而然且有裨益，為什麼今天的人們那麼不願意諮詢他們的直覺呢？很不幸，答案是，在過去，我們被屏蔽了，往往是在我們可以體認到這份天然超級感官多麼重要之前就被屏蔽了。使我們無法運用直覺的三大路障是宗教訓練、科學偏見、習得的封閉思維。

宗教訓練障礙

第一個且最常見的障礙來自我們過去的宗教訓練。許多人從小的環境就讓他相信：有個權威型的強大上帝，以及暗示我們基本上有所缺陷且不值得信賴，從而不足以主導自己人生的宗教。這則訊息進一步暗示，我們必須指望權威型的父權人物在人生中指引我們，而不是聆聽或信任自己。這些權威型人物是教會、寺廟或清真寺的首腦以及家長和族長。

在最有毒和最迷信的層次，某些意識形態甚至教導說，內在指引是「惡魔」或其「邪惡勢力」的傑作。然而，值得慶幸的是，這類荒謬的看法正逐漸消失。從小身為天主教徒，我親身體驗過許多這類父權主義的教條灌輸，多到早在八、九歲的時候，我就覺得有必要將我的超級感官隱藏起來，因為學校的修女們不贊同我的直覺。也許你也體驗過某些版本的這類情況。遺憾的是，許多權威人士依舊相信，我們必須壓制內在的聲音，改而服從外在的靈性權威。

雖然我們今天可能不會有意識地遵守這些信念，但是這些老舊的教條灌輸仍舊飄蕩在我們的潛意識心智，在我們的人生早期便深深地烙印了，導致模糊且扭曲了我們的感知。

若要清理這個障礙，就要體認到：人生中的真實權威是你的「靈」，它透過內在指引對你說話。舉例來說，當伴侶或朋友問你想去哪裡吃晚餐時，不要不自覺地說道：「都行。你想去哪裡呢？」花點時間，運用你的直覺檢查一下，然後選擇一個對你有吸引力的地方。如果你周圍的人們不習慣你表達意見，他們可能會駁回且快速地忽略你的建議，所以要為這種可能性做好準備。如果你的提議被拒絕，不需要爭吵或爭執。只要說：「哦，我偏愛那一家。你先問的啊。」分享對餐廳的偏好沒什麼大不了，所以讓別人知道你的感受並沒有風險。但是這為分享更重要的感受（例如：「我對某某人或某某事感到不安全」）以及忠於自己的本能反應，鋪平了道路。

你和你周圍的人們，很快就會習慣於讓你聆聽你內在的聲音且大聲地表達出來，這可能跟過去不一樣。從不費力的地方開始，持續努力。每天在機會出現時，以微不足道的方式練習堅持你個人的真理，而不是安靜不說話或附和心中沒有感覺的事。你有權拒絕不與你共鳴的信念體系。假使這麼做，你必會感覺比較真實，而且與你的「靈」和內在指引更加相映契合。

智性的障礙

聆聽你的天然超級感官的第二個最常見的障礙是，相信：直覺沒有科學根據，因此不值得關注。凡是相信這點的人都會引用上一世紀的科學，而且沒有核對當今的科學新知。科學不是闔上的書。它隨著時間的推移而演進。

舉例來說，在中世紀，科學家說地球是平的。隨著更多地球資訊的披露和理解，昔日地平說論者相信的那一套最後被證明並不真實。過去的科學家也堅持認為，太陽繞著地球旋轉，而且凡是不同意的人，例如哥白尼，都因為挑戰這個信念而遭到監禁。謝天謝地，今天的科學，尤其是量子物理學，體認到我們不只是物質存在體，而且擁有不只五種感官指引我們。科學家們還沒有完全理解我們的靈性本質或我們的直覺超級感官到底如何運作，但是他們正在努力解決這個問題。我確信他們一定會找到答案。

當人們告訴我，他們不相信直覺，因為直覺在科學上得不到支持，我會反問，他們指的是哪一種科學。通常，對方說不出答案，因為他們只是像鸚鵡一樣，模仿著中學時代學得並不好的知識。

你個人可能沒有科學方面的障礙，但是你周圍的其他人可能有，這會妨礙你的直覺流動。我有一位直覺感強的朋友戈登，他每週定期與四位畢生好友見面喝咖啡。四位全是五十多歲有成就的成功商人和投資家，而且全都自豪是有科學基礎的知識分子。不足為奇的是，當戈登分享他直覺感受到的任何事物時，四人全都大聲嘲笑他。戈登愛他的朋友，所以對這類嘲笑不以為意，但他確實會先三思，再與他們分享他的超級感官，而且偶爾納悶，自己是否像他們說的那樣確實「瘋了」。最近，他搖著頭與我分享，他的朋友們非常確信他就是「瘋子」，以及他們從不承認他的直覺事後證明很準確（多年來，他們也觀察到確實很準確）。「在二〇二三年銀行財務崩潰發生之前幾個月，我在許多次與這些人早晨一起喝咖啡期間，打電話給銀行。」他說，「可是當事情最終真的發生時，他們拒絕承認這事。他們確實無法證實我的直覺，因為直覺在科學上無法被證明。對他們來說，這樣獨立思考太冒險了。」

關於他們的猶豫，戈登的見解沒錯。對許多受到過度邏輯訓練的思考者來說，跟隨直覺的超級感官，而非他們向來被訓練要相信的信念，可能感覺起來風險太大，尤其如果他們仰賴他人的認可或共識來得到接納感或自我價值感。

戈登有時候願意冒險，但並非總是如此。他聆聽自己的直覺，但是會先三思，才完全相信或告訴他的朋友們。

若要戰勝這個障礙，就要領悟到，你不需要其他人的認可才能聆聽你的內在指引。假使某人排斥直覺，斥之為不科學，只要體認到他們是今天的「地平說人士」然後放下。甚至不要設法改變他們的想法。你改變不了的。反而要微笑著說道：「也許我瘋了，但是我的直覺對我有用。」然後繼續跟隨你的心。跟隨你的內在指引，看著自己的人生發達興旺，比起爭論直覺是否有效更能有效地打開另外一個人的心。在過去，多數的地平說人士最終都加入地圓說行列，當更多的科學調查和發現證實我們的超級感官時，同樣的事一定會發生。要有耐心和勇氣聽從你的內在指引，而不是允許別人用他們先入為主、封閉思維的看法讓你保持沉默。

封閉思維的障礙

運用超級直覺感官的第三個最常見路障是，對直覺抱持封閉思維的態度，因為你與思維封閉的其他人一起長大，於是繼續帶著那樣的習慣。舉例來說，我在倫敦有位可愛的美髮師艾薩克，過去幾年間，我和他成了摯友。一天，在替我剪髮時，他說：「桑妮雅，我欠你一個道歉。」我很訝異，因為他並沒有做什麼冒犯我的事，於是我問：「為什麼？」

「因為你第一次告訴我，你教導人們變得更有直覺力的時候，」他答道，

「我立即認為，你很愚蠢，雖然我當然並沒有那麼說。不過，」他繼續說道：「因為你非常正向、有活力、自信，而我不常遇見這樣的人，所以我很好奇，開始追蹤你的Instagram和YouTube頻道。令我訝異的是，我學到了許多對我有意義的東西。我領悟到，我以前就是無緣無故地愛評斷而且思想封閉，所以如果有人很愚蠢，那個人是我。」

「哦，這樣說有點兒嚴苛了。」我微微一笑，而他繼續說道。

「等等，」他說，「還有。上週，我上健身房，把衣服放進置物櫃的時候，你所說的我的超級感官，給了我某種不好的感受。糟到我考慮換置物櫃，甚至考慮不鍛鍊了。可是因為沒有人在旁邊證實我的懷疑，所以我把這個感覺推開，還是去鍛鍊。等我回來時，我的置物櫃被破壞了，錢包和手機不見了。

我立即想到你，因為有信號提醒我，可是我忽略了。當時我真的覺得自己很蠢！」

不要像艾薩克那樣，讓遇到的不幸事件教會你，出於習慣而趕走直覺有多蠢。我戲稱像艾薩克那樣忽視自己的超級感官的人們，屬於「勢必、可能、應該錯失機會俱樂部」，因為如果當時敞開心扉，聆聽自己的直覺，他們的處境會好上許多。思想封閉的解藥是變得好奇且樂於學習新事物。我媽常說：「絕不要以為你所知道的事就是你該要知道的一切。」確實如此啊。

今天，開始清理障礙。首先識別阻礙你的路障和盲點，承諾立即移除掉它們。若要做到這點，請拿一張空白紙，畫一條穿過中心點的直線。在左側最上方寫下「過去的觀點」，在右側最上方寫下「現在的觀點」。首先，仔細想想你的「宗教訓練障礙」。

在左側，寫下你從過去的宗教訓練直接或間接接收到的所有暗示或影響，那些暗示：直覺是不好的東西，要害怕它、忽略它或與它保持距離。你家裡有人正向而自然地承認直覺嗎？還是他們認為直覺是不自然或有害的呢？誰定下這個基調的？

你的宗教訓練對你有何影響呢？寫下過去與這一類別有關的每一件事。接下來，在紙張的右側寫下你今天的靈性觀點。你仍然堅持這些過去的宗教感受或信念嗎？你是否覺得過去的宗教訓練與現今的個人感受、體驗、靈性信念之間有任何衝突呢？你的家人或朋友現在對直覺的看法是否大體上與你不同呢？這造成衝突嗎？寫下感覺像是障礙的每一件事。

在回顧了你過去的宗教障礙之後，現在仔細想想你的「智性障礙」。在紙張的左側，寫下過去影響了你今天對直覺有何看法的所有智性或科學觀點。你是否來自以科學為基底的背景或知識分子家庭，在家裡，直覺被澈底斥為「空穴來風」、沒有實證基礎或不「真實」？誰抱持這些觀點呢？父母嗎？整個大家庭嗎？老師？朋友？寫下抱持這類觀點的所有人們以及當時他們如何影響你。你採納了這些觀點嗎？還是你公然或私下不同意呢？你不確定嗎？

一旦記錄下這些過去的觀點，就移到紙張右側，仔細想想你已經更新的當下觀點。為了幫助你，請谷歌一下今天科學如何看待直覺。要保持好奇，但也要檢視你自己的經驗。無論「科學」怎麼說，你的內在指引是你不可否認的一部分，而且你個人的直覺體驗最重要。

最後，想想你的「社交和其他無意識障礙」。在紙張左側，寫下迄今為止，你或與你親近的人們對直覺普遍抱持的任何負面或輕蔑的假設。慢慢來，因為這個類別揭示你的超級感官最為隱祕和無意識的障礙。舉例來說，你或你的朋友和家人會取笑直覺、斥之為「巧合」嗎？有誰誇大地認為直覺可怕或怪異嗎？當你接收到直覺的撞擊或預感時，你立即開始思考並尋找合乎邏輯的解釋嗎？因為在過去的人生中，這正是你看見每一個人做的事。你很難向自己或他人解釋你的直覺嗎？同樣地，在紙張左側寫下所有習得的輕蔑行為和態度。

完成這部分之後，來到紙張右側，這一次，寫下關於你的超級感官，今天你想要採納或目前擁有的全新態度、信念、觀點。這些可能是肯定語句或意圖的陳述，例如：「我不需要邏輯的支持就能信任我的超級感官。」

或「我的直覺是我的超能力，我每次都好好聆聽。」「我不需要解釋或許可才能信任我的直覺，因為它是自然而然的。」

這個練習增強你的直覺，把直覺帶出來，擺脫過去，進入當下賦能培力的時刻。最後，在今晚上床休息前，反思一下，既然某些障礙被清除掉了，你的直覺一直設法向你傳達什麼訊息。

DAY 9

明確地說出你的直覺，然後認領

來自英國的玄學大師查理．古德曼（Charlie Goodman）是我的心靈導師之一，我十二歲開始當學徒跟隨他學習心靈藝術，他說：「了解直覺只是過程的一部分。表達直覺是另外一部分。唯有了解並表達了，直覺才開始在人生中幫助你。」可惜的是，因為許多人並不是跟我一樣，成長在直覺得到自由承認的家庭中，所以今天在表達自己的內在覺知方面，他們往往覺得尷尬或不舒服。很大程度上，這可能只是因為他們沒有詞彙允許他們自在地分享自己的洞見，不覺得彆扭。還好，這個問題可以很快地得到解決：一旦你明確地說出自己的直覺，你就可以認領那份直覺。

表達你的氛圍

在我的家庭中，直覺是生活之道的基礎，我們有特定的「密碼語」可以承認和表達我們的更高智慧。這些詞語相當簡單，然而卻很好地傳達了我們的直覺。這類密碼語使我的兄弟姊妹和我可以像談論天氣一樣，自然而然地分享我們的直覺感受。事實上，我們甚至對各種直覺閃現有特定的詞彙，那些教導我們，我們的內在感知有根據、值得注意、不需要解釋。

我們的第一個密碼語是「氛圍」（vibe），它指的是身體內最初的直覺能量體受感。我們將直覺分成幾類：好氛圍是快樂、正向的感覺，在我們遇見對自己有裨益的人們、地方、想法、同步性、可能性的時候被喚起。得到好氛圍賜給我們保護和優雅感，在我們要做出決定時，暗示「綠燈」或感覺我們應該「勇往直前」。另一方面，我們也體認到壞氛圍，那指的是所有不舒服的感受，警告我們：「遠離」、「不要採取行動」、「不要信任它」、「留意」、「小心」或「保持警覺！」這些是本能反應，使我們警覺到應該避開某事。因為得到這些簡單表達所灌注的力量，於是輕而易舉地便能將我的超級感官融入我的人生，當作我的覺知的另外一個日常面向。

我延續了與女兒們「講述氛圍」的傳統，介紹她們認識我非常熟悉的詞語，我們還一起發明了其他詞語。譬如說，女兒桑妮雅在某人或某事擾亂她的內在和諧時，想出了「羊毛織品」（woolies）來形容她的感受。這個詞彙也暗示，激怒她的情境或人們——就像羊毛觸及裸露的肌膚（譯註：許多人在肌膚直接觸及羊毛織品的時候會發癢）。當她說有人送她羊毛織品時，我了解她覺得不舒服，需要快速逃脫。無須進一步解釋。

我們家使用的另外一個措辭是「太過坦誠直率」（too wide open）。這意謂著遭到偷襲，導致我們變得不踏實。身為成年人，你可能會體驗到，出其不意地被叫進上司的辦公室，因為表現得太過坦誠直率，卻反而遭到批評，或者更糟的是，要你放手。當你接起電話而某人「要你接受事實如此」的時候，也可能發生這種情況。你知道那種感覺：被某人的負面或強烈能量搞得無所適從、猝不及防、十分詫異。

我的家人也提到「拉上拉鍊」（zipping up），這是保護自己，免於受到不想要的影響，就像拉上帳篷的拉鍊，防止飢餓的熊。有一天，我和桑妮雅在機場等待辦理行李托運，前方的男子突然對櫃檯人員大發脾氣。他因為訂機票出現差錯而演變成這一幕，導致三位售票員捲入其中，當時剛開始起爭執。他們的激動情緒蔓延，影響到等待的乘客，乘客們開始對他大吼，要他「閉嘴」和「快點兒」。情況很醜陋，而且越演越糟。桑妮雅想都沒想便轉向我，說道：「呃哦……麻煩大了。最好拉上拉鍊，當作沒看見。」她這麼說沒錯。否則，我們就會像周遭人一樣，吸收到當時的緊張感。

運用諸如我在上述討論過的簡單措辭向你的潛意識心智傳送這則訊息：你

的直覺很重要，需要好好留意。它說：「我相信你。」「我體認到這股能量很真實。」而且——最重要的是——「採取行動。不要等待。現在就對這則資訊做出回應。」

如果你想不到可以描述你的直覺感受的詞彙，那就自己編。人們一直這麼做。畢竟，那是你的語言。舉例來說，多虧漫威漫畫的角色「蜘蛛人」（Spider-Man），現在許多人跟「蜘蛛人」這個角色一樣，說他們的直覺是他們的「蜘蛛人感應」（Spidey sense）。許多人已經採用這個詞彙來描述直覺，它現在甚至找到方法，進軍美國企業界。舉個例子，我的個案琳恩剛剛分享說，她在醫療保健業相關的公司服務，每當她上司提到「我的蜘蛛人感應快要冒出來了」，部屬們全都正襟危坐，豎起耳朵留意。

我用過的另外一個詞語是「噁心攻擊」（ick Attack）。它的意義一目了然——噁心或厭惡感，因為身邊的某人或某物具有令人非常不快的能量。舉例來說，女兒最近為了她的兩歲女兒參觀了一所有可能就讀的幼兒園，回來後，我問她感覺如何，她說：「大樓和教室都很好，可是園長讓我體驗到嚴重的噁心攻擊，所以會放棄這家。」

「不錯哦。」我答道，完全明白她的意思，而且全心全意同意。

比噁心攻擊更強有力的是「心靈攻擊」（psychic attack）。這是指某人或某事設法用他們的能量故意傷害你。這種情況經常發生，等於是遭到伏擊，包括來自想要你的工作的同事、因為自己的錯誤而責怪你的古怪朋友、與你競爭的惡毒鄰居或憤怒的酒鬼。這個詞語描述是針對你，且有卑鄙、有害的行為。這真實存在，而且必須加以防範。把它明確地說出來會為你帶來力量，可以體認到心靈攻擊的本質就是傷人的襲擊，而且邀請你在它發生的時候好好保護自己。明確地說出心靈攻擊也充當某種巨大的保護。多數心靈攻擊者都是狡猾的狙擊手，他們依賴你，卻沒有體認到他們的骯髒能量。揭露他們的狡猾襲擊往往足以阻止他們傷害你。

你的詞彙適合你

由於我的背景，我自然而然地談論直覺、噁心攻擊等等，但也談論能量場、氣場、脈輪、其他奠基於能量的概念。雖然這類詞彙對我來說很有效，但是對你而言，創造你自己的詞彙，自在地以行動表達你的超級感官，可能更有價值。舉例來說，你可能偏愛運用更多的靈性措辭（例如「我的天使」或「靈」）談論你的直覺。或是你可能喜歡比較日常的用語，包括「我的腸道」、「我的預感」或「我的感受」。我認識的某人將心靈攻擊稱作「臭彈」，另外一人則將噁心攻擊描述成「討厭的感受」。還有人選擇把直覺稱作自己的「雷達」。重點在於，若要承認你的直覺，你可以且應該發明自己的措辭。也許你已經有了自己的措辭。並沒有描述你的直覺的「正確」詞彙，只有你覺得適合的詞彙。

今天的直覺課 9

今天，挑選屬於你自己且可以描述你的超級感官的直覺詞彙，以及它正在向你傳達的訊息。舉例來說，你可能會說：「我的氛圍告訴我，今天要花些時間放鬆一下」或「我的腸道告訴我，最好不要接受那個工作機會。」關鍵是，不在意你的說話對象如何反應。重點是，對你來說，直覺很正常。你越不畏懼、不猶豫地公開談論你的內在指引，它就會表現得越強而有力。

然而更好的是，寫下你最愛的措辭，以此描述：

- 直覺的感受
- 正向氛圍
- 負面氛圍
- 在能量上感覺不自在
- 心靈攻擊
- 「蜘蛛人」感應
- 羊毛織品
- 噁心攻擊
- 你想要描述的任何其他直覺體驗

然後根據需要，運用這些詞彙。畢竟，當你明確地說出你的直覺，就等於認領那份直覺。

DAY 10

坦誠面對

我最近在我的社交媒體平台上做了一項民意調查，詢問三十多萬人，為什麼即使直覺大聲而清晰地對他們說話，他們還是不聆聽自己的直覺。我收到的前三高票回覆之一是，因為只要直覺要說的話跟人們想要聽見的話不一致，當事人就不想聽。似乎許多人寧可假裝一切就是他們希望相信的樣子，不願承認令人失望的事實。這是所謂的否認。我並不訝異這樣的回覆。教授直覺那麼多年，我的經驗是，我親眼觀察到有些人可以非常堅定地否認真理，即使相反的證據直接打臉。

幾年前，我遇見一位名叫潘的個案，她來找我是因為她剛剛繼承了一大筆錢，準備與她的新男友合夥做生意，潘堅稱對方是治療師，也是她的靈魂伴侶。然後她分享了他們規劃如何運用她的錢作為資金，建立療癒靜修中心。

潘希望我確認他們是靈魂伴侶，以及靜修計畫是他們的共同人生目的。我真希望我可以那麼做，但我看見的卻是另外一個實相：她男友是機會主義者，利用潘的寂寞和她的意外之財。那根本不是愛和天命，而是情緒和財務掠奪。因為看見潘眼中的癡情星星，我溫和地建議，潘將生意和她的金錢與他們的個人連結區分開，以此確保兩者不會交錯，之後才推進他們的計畫。然後我問潘，是否有任何跡象顯示，她的關係並不是理想的愛情結合，即使她男友當時強力朝著長期承諾推進。儘管表面上，他們共享熱情，但是能量上有東西非常「不對勁」，我很納悶她怎麼可能感應不到。

「潘，你有沒有想過，你男友對你的動機和情感，可能會因為你目前提供給他的金錢而扭曲了？」我冒昧提問。

感到被嚴重冒犯的潘從座位上猛地起身，厲聲說道：「你怎麼敢這麼說？」隨後她站起來，怒氣沖沖地奪門而出。

看見她的反應，我很難過，但並不訝異。我知道她的直覺告訴了她同樣的事。她只是不想聽。

十八個月後，我很訝異，潘居然預約了另外一次療程。這一次，她頹喪又失落地出現。她告訴我，她在前男友身上花了超過五十萬美元，然後男友跟另外一個女人遠走高飛，從此杳無音訊。她的療癒中心夢從來沒有落實，她的金錢不見了，而且顏面掃地。「桑妮雅，你為什麼不警告我？你沒有預先看見這個結果嗎？」

我目瞪口呆，說道：「潘，我設法警告你。你就是不想聽，記得嗎？」她不承認。

當人們的直覺暗示自己的行為有問題時，當事人不僅不想承認他人的壞行為，還會忽略自己的直覺。他們不願意承認自己判斷錯誤，把頭埋進否認的沙堆，同時假裝一切安然無恙。

我的個案約翰是個友善但容易被操縱的人，他往往忽略自己的內在指引，隨波逐流，因為正如他在我們的療程中解釋的：「那樣比較容易。」約翰娶了性格低調的女人艾德莉安，還是美麗的三歲女兒的父親。約翰是交易員，每個工作日結束時，都應邀與同事一起到對街的酒吧喝酒。約翰總是接受，想要成為「其中一員」，儘管他的內在指引說：「這個想法很糟啊！」約翰夜復一夜地忽略這盞直覺的紅燈，經常待太久，喝太多，太晚回家見妻子和女兒。當約翰真的出現時，艾德莉安因為不想讓女兒不開心，所以沒有大吵大鬧，沒有嘮叨他夜夜遲歸，於是約翰為自己的行為辯解，認為這麼做沒關係。他忽略了艾德莉安低調地厭惡他老不在家和酗酒，以及艾德莉安對他的耐心很快便耗盡了。

某夜，在酒吧，約翰升起強大的直覺，要立馬離開酒吧回家，可是他並沒有好好聆聽，而是打電話給艾德莉安，提出另外一個站不住腳的藉口。因為收到艾德莉安的語音留言，約翰像往常一樣告訴自己，一切正常，然而他本能地知道，事情不太對勁。約翰否認自己的不好預感，愚蠢地（套用他自己的話）在酒吧又待了一小時。等約翰終於回到家，他發現屋內漆黑，廚房桌子上有一張艾德莉安的留言，寫著，艾德莉安帶走了他們的女兒，離開了他。約翰心知肚明，如果他在一小時前留意生出的直覺，當時立即回家，艾德莉安一定還在，也許可以讓她改變心意。但遺憾的是，由於否認所有那些時刻的內在指引，約翰賠上了婚姻。

如你所見，我們的超級感官往往充當明亮的紅色保護燈，提醒我們注意自己和他人的危險行為，以免為時已晚。忽略這個內在警報器絕不是好主意。

不管怎樣，我們的超級感應器的作用就像正向性和可能性的明亮綠燈，只要我們允許，它便推動我們朝著對我們有利的方向前進。我的個案凱拉十一年前在加州的即興表演課上認識了亞當。他們連結的那一刻，凱拉直覺地知道亞當是可以結婚的對象，即使正如凱拉的解釋，亞當「理論上看起來很糟」。他沒有錢，工作時有時無，想當演員，但不成功。另一方面，凱拉是獨生女，來自富裕的房地產家庭。對她的父母來說，金錢和社會地位是最優先考慮的事項。凱拉知道，父母絕對會拒絕亞當作為潛在的婚姻伴侶，而且她猜得沒錯。父母確實拒絕接受。

然而，凱拉的超級感官堅持認為亞當是「命中注定的另一半」。她最初聽從了自己的直覺，不顧父母的反對。但是最終她打住了。她愛她的父母（以及父母的金錢帶給她的舒適），所以她最終決定忽略他與亞當之間的綠燈，好好

「務實」，因為父母堅持她應該要實際點。結果，凱拉與亞當斷絕了關係。亞當震驚、心碎、憤怒，尤其在凱拉告訴他「這是最好的選擇」時，其實，凱拉和亞當都知道，那是謊言。

凱拉繼續與其他人約會，但是再也沒有找到像她和亞當那樣的愛。經過一段時間，亞當繼續前進，成為電影和電視中的常客，在他熱愛的工作中享受到成功的人生。他最終結了婚，育有四個男孩。多年後，凱拉來找我做直覺解讀，她說：「桑妮雅，我只有一個問題。我應該像當年我的直覺告訴我的那樣，嫁給亞當嗎？」

我答道：「凱拉，你的直覺是你最好的嚮導，但是正如你學到的，你很自由，可以聆聽它或忽略它。可惜，你選擇忽略你的內在指引，反而聽從家人的意見。遺憾的是，你後悔了。不管怎樣，最好原諒自己，繼續前進。只要你保持開放的態度，前方就有更多的喜悅。要記取教訓並跟隨你的心前進。你只能這麼做。」我知道凱拉勢必因此而苦苦掙扎。但我希望她會成功。

關鍵在於：你的內在指引和內心說的是真話。如果你希望你的超級感官為你服務，就必須坦誠面對自己並聆聽真相，即使真相不方便、不舒服或令人失望。你始終有選擇權。你不必遵照你的內在指引，但至少聽聽它說什麼。忽視它的代價可能會非常高。

今天，坦誠面對自己。

如果有可能，你會以什麼方式抗拒聽見你的超級感官要說的話呢？你在哪些領域迴避情境或關係的真相呢？即使面對自己也是這樣嗎？

請大聲回答。

雖然承認你的直覺揭示的一切可能並不容易，但是否認卻更糟。面對伴隨坦誠而來的任何短暫失望或挑戰，遠遠勝過因為不願意事先看見信號從而陷入麻煩或失去機會，所造成的長期損傷。

DAY 11

寫下你的直覺

不言而喻，如果你不信任你的直覺，你的直覺便毫無用處。我認識的多數人都想要信任自己的超級感官，可是又因為害怕而不信任。各式各樣的恐懼，是人們不信任自己的直覺的首要原因。我一遍又一遍地聽見：「如果我犯錯，怎麼辦？」「如果我的直覺錯了，怎麼辦？」或：「如果因為我的直覺失效而發生可怕的事，怎麼辦？」「如果我的直覺害我掉下懸崖，怎麼辦？」「如果我因為信任自己的直覺而傷害某人，怎麼辦？或是惹別人生氣，怎麼辦？」恐懼清單綿延不斷，於是對直覺置若罔聞。這些恐懼呈現出有可能出現的情節，但是如果你聆聽自己的直覺而不是自己的恐懼，恐懼便開始消退，取而代之的是成為你自己的自信與勇氣。

如果你想要活化你的超級感官、開始發揮你的最大力量，信任你的直覺是你最終要冒的風險。依我看，忽略你的內在指引並允許惴惴不安的小我經營你的人生，風險其實大上許多。我想不出一個人的無端恐懼導致正向結果的例子，但卻可以想到無數例子說明，一個人惴惴不安的小我造成有可能最糟的結果。

儘管如此，但我懂，在沒有證據支持的情況下，堅持自己的直覺感受，是重大的責任，可能會挑戰性十足。但是聆聽你的直覺未必是盲目跳入紛亂的未知世界（只是你的小我設法說服你是那樣）。其實，你反而可以學會信任自己的直覺，就跟在人生中做任何其他事情一樣：透過始終如一的正向體驗，逐漸地學會信任。

若要戰勝信任你的內在指引的恐懼，最佳方法是，買一本可以隨身攜帶的口袋型小筆記本。每當你有預感、腸道感覺、「啊哈」的感受、被撞擊到、某種感應、某種氛圍，或來自你的超級感官的任何其他推動，就馬上記錄在小筆記本上。不要讓你的小我審查、評斷、辨別、干涉，或以任何方式調整你接收到的直覺資訊或感受。假使你的內在指引感覺沒頭沒腦、無關緊要、不合理、愚蠢，或毫無意義，或認為自己的直覺不過是你的想像，千萬不要擔心。反正全部寫下來，然後等待。

在這個節骨眼，你不必聽從自己的直覺。單純地記錄，而不是忽略你的超級感官，然後看看，假以時日，是否證明它值得信任。不久，有了那本筆記本參考，你很快就會發現，你擁有的每一種氛圍最終都會在某方面有意義。如果你忠實地記錄你的直覺，哪怕只持續一週，你的恐懼和懷疑都會讓位給信賴你的超級感官，因為你將會收集到不可否認的可靠證據，證明你的超級感官值得信任。

著手開始

對某些人來說，體認到你的直覺（更不用說記錄它）可能看似令人畏懼，因為目前為止，你已經習慣性地「排斥」它。但是你猜怎麼著：寫下你的指引很快地就能緩解這類困惑與恫嚇。舉例來說，我的個案瑪雅說：

在知道直覺設法告訴我什麼之前，我時常自動扼殺掉我的直覺。假使感覺到一絲絲不安，我沒有體認到我的預感是警告，反而會立即朝反方向走，說服自己是神經病發作。我會刻意地瀏覽社群媒體或在線上購物，藉此分散自己的注意力，不追逐這些困擾的感覺。不可避免地，我的不安最終會證明是精確地警告即將發生的事，可是因為我忽略它，它對我就沒有任何好處。這種事後諸葛亮令我抓狂。一旦我停止排斥我的超級感官並開始寫下閃現的直覺，它們變得越來越敏銳、越來越具體。於是，我的焦慮減輕了，因為我看見這些感覺保護了我。我寫得越多，就越能把最初的模糊觀念，例如「對員工蘿拉感受很糟」，轉變成全面清晰理解問題何在。「關於在家工作的時間量，蘿拉對我撒謊，她甚至沒在工作還向我收費。」在筆記本裡開始記錄我的直覺感受才幾天，我就以不可思議的精確度調頻進入特定的場景，長遠來看，那讓人生變得更加美好。寫下你的直覺令人難以想像。

我的個案克莉絲汀告訴我，寫下她的直覺感受幫助了她的音樂事業起飛：

我越常寫，直覺地落入腦袋的歌詞就越完整。不久，我就在下載完整的旋律，乃至關於該如何找到可以幫助我錄製、編曲、製作歌曲的指引。最後，在將我的直覺感受記錄在筆記本裡六個月後，在浪費多年時間卻一無所獲之後，我製作了我的第一張光碟。我仍然很震驚這件事發生了。

安娜是長期擔心恐懼、自我懷疑的個案，她開始每天兩次寫下她的直覺感受，一次在午餐時間，第二次在睡前。起初，她說她覺得很可笑，彷彿自己在胡編亂造，胡言亂語。安娜覺得好傻，她甚至把筆記本藏起來，故意不寫自己的名字，免得被別人發現。「儘管如此，每天在筆記本上只寫五分鐘改變了我。」她說。

我不再像以前那樣批判自己。一旦我開始寫下煩擾我的事並請求我的直覺指引我，我開始感覺到更平靜、更有自信。然而更好的是，我很快地發現到，就在我的恐懼底下，我得到了明確的指引，事實證明，那有幫助且令人雀躍。舉例來說，三個月前，我在筆記本裡寫道，無意間認識僅止一分鐘的新鄰居，會在我的人生中變得非常重要。在那之後，那只是一種氛圍。兩個月後，我們花了一整天時間一起在我們的社區花園內工作，而且那天結束時，我們建立了連繫。現在我們正在約會，而且我從來沒有那麼快樂過。我知道我們認識的那一刻開始，就有一份連結，可是把這事寫下來鞏固了那份連結。我最近給他看了記錄在日誌中的這件事，他笑著說，見到我的時候，他也有同樣的感受。

當信任你的直覺時，寫下你的超級感官傳達的訊息，是從恐懼轉換到自信的最有效方法。隨著寫下來自你的直覺的每一筆訊息，你的確定性會增加。你將不再只有模糊的感覺——你會有確鑿的證據，證明你的超級感官是你可以仰賴的合法指引。

寫日誌也告訴你的潛意識心智，你看重你的直覺。每次你寫下某些東西時，你會驗證它，即使（尤其是）你寫下的訊息對你的邏輯腦沒有立即的意義。它訓練你的心智不要駁回或忽略這些微妙的先兆，因為它們最終會有意義。不需要很長的時間，你的潛意識就會配合，增加你的直覺量。

假使你曾被訓練要忽略你的超級感官，那麼在紙上、電腦上或智慧型手機上記錄你的直覺感受，將會「化解」你「原有的訓練」，恢復這份與你的真實自我之間強而有力的連結。還好，你的更高頻道永遠不會停止廣播關於你的道路的指引，反倒是你的注意力停止留意那些訊息或對那些訊息充耳不聞。直覺是身為靈性存有的你自然而然、不可或缺的一部分。與你的超級感官斷連得那麼厲害是非常不自然的，那使你不信任甚至感覺不到它。寫下你的直覺修復與你的「靈」之間的這份斷連，而且向你一再保證，你的個人才能與力量可以成功地帶領你的人生。

購買一本小筆記本或運用智慧型手機上的筆記應用程式，記錄你的直覺感受。要選擇最方便隨身攜帶的。今天把它拿出來一或兩次，記錄你的直覺告訴你的訊息。假使你感應不到有什麼東西可寫，就向你的直覺尋求指引，然後把答案寫下來。記錄你一整天體驗到的每一則預感、「啊哈！」時刻、氛圍或直覺感應。幾句話就夠了。「會議上的美好直覺」、「對我姊妹的新男友感覺不好」等等，那就是你需要的一切。只要寫下足以捕捉到你的感受以及驗證你的超級感官的訊息。你不必寫一篇文章，儘管很可能自然而然地便寫成一篇文章。

如果可以，你的「靈」有許多可以分享而且願意分享。所以今天過後，不要停下來。要繼續前進。如果你這麼做，假以時日，這本小筆記本將會成為你讀過最好的書，因為它一定會包含你如何一勞永逸地取回你的超級感官和個人力量的故事。

DAY

12

敢於與眾不同

為了成功地迅速啟動你的直覺，你必須願意有時候跟別人不一樣，而且接受直覺對你來說很正常，即使直覺並不適合別人。那可能感覺像是巨大的挑戰，尤其如果別人對你的超級感官沒什麼好臉色。不管怎樣，如果你在超級感官方面的體驗不佳（多數人都有這樣的體驗），那麼時候到了，該要放下過去，繼續前進，重拾你的力量。

接受直覺是你的「常態」頗有意義，而且你可能認為你已經這麼做了。然而，你確定嗎？近五十年來，我一直在教導人們開啟直覺，在那段時間，我觀察到，對多數人來說，調頻聆聽直覺並不是最大的挑戰——至少對我班上的學員來說不是（而且八成對你來說也不是，因為你正在閱讀本書）。你的直覺很可能已經開啟了，至少在某種程度上開啟了。最大的挑戰在於，感覺全然有保障且舒服自在地擁有和運用六種全面運作的感官，尤其如果你曾被告知擁有超級感官十分詭異。

我懂了。人們有時候認定，你有第六感（超級感官），就像有六根手指頭或多出一隻耳朵。因為許多人認為那不「正常」，所以你可能會想把它藏起來。如果你周圍有人認為你的直覺「詭異」、「奇怪」、「可笑」、「可怕」、「怪誕」、「空穴來風」或更糟，你確實有被拒絕的風險。為了避免這種不適，你可能會發現自己否認自身的直覺存在或把它藏起來。

最近在募款活動中認識了一位名叫露西的女士，我們聊了起來。我告訴她，我幫助人們開發直覺，她隨即幾乎排斥地說道：「那不適合我。」然後她開始講述自己年輕時非常仰賴直覺，尤其感應得到他人隱藏的動機。可是她父親完全不接受。反而在她每次談到自己的直覺時，父親會大吼道：「露西，那不正常，別再那樣說話了。」因此，由於父親的反應，她不再分享自己的直覺。露西的故事有一部分聽起來很熟悉，八成是我多年來最常聽見的。我們全都有六種感官，即使某些人否認這點，但是承受了像露西那樣的負面體驗卻造成嚴重的不良影響，假使放任不管，更導致幾乎不由自主地遠離自己的超級感官。

我有一位同性戀個案名叫莉茲，多年來一直在我這裡上課，現在她也成為其他人的直覺教練。「因為我是同性戀，我知道與眾不同是什麼感覺。有些人根本無法接受這種差異還批判我。但不是每一個人。不過，幾乎每一個人都認為我善於通靈。」對此，我大笑，因為好真實。每當談到承認擁有強烈的第六感，來自他人的拒絕很全面。

但其實沒有必要。要把別人有限的觀點視為邀請你戰勝得到認可的需求。面對不懂你的人，沒有必要感到受傷、防禦、害怕、好鬥或遮遮掩掩。那些是他們的感受，與你無關。

那麼，該如何避開這些感受呢？答案是：自愛和幽默。是的，無條件地愛自己和接納自己，即使別人沒有幽默感，你也要有幽默感。不要害怕別人的評斷，而是要體認到對方的狀態（不了解你的靈性本質和直覺能力），而且知道對方的評斷與你無關。

此外，不要拚了老命設法改變任何人對直覺的觀感或舒適度，因為那是內在的工作。你無法影響另外一個人對這個主題的看法；唯有對自己的直覺有正向的個人體驗才能做到這點。這事最終會發生在每一個人身上。我們全都會進化成擁有第六感的生命體。同時，微笑面對對手，有自信地說：「好吧，看來我們不一樣。」僅此而已。你越自在地與自己的直覺同在，其他人也會越自在。假使你需要另外一個人的認可，你不會得到。如果你不需要，認可反而會出現。無論如何，不妨斟酌細想，最重要的是你自己的自我認可和忠於自己。

我的個案柏娜黛特是有高度通靈能力的獸醫。與動物互動時，她聆聽自己的直覺，始終在實務中與她的動物患者以心靈感應溝通，而且這不是什麼祕密。她的某些客戶喜愛且讚賞這點，某些客戶則不然。「昨天，」她分享道，「一位女士和她的兩個已成年女兒帶來了一隻十八歲的貴賓犬，因為狗狗幾乎不動了。檢查顯示，牠的咽喉區和舌頭上有幾顆小腫瘤。我的直覺告訴我，牠好疼，吃盡苦頭。牠請求我助牠一死，讓牠可以解脫。兩個女兒懇求我盡一切努力讓牠活下去，可是那隻受著苦的貴賓犬卻說：『請不要那樣做。』」

柏娜黛特與三個女人分享了貴賓犬的想法，兩個女兒大發雷霆。一個翻白眼，另外一個尖叫著說：「不可能。」但是那位母親兼狗主人說：「謝謝你。我有同樣的感覺。牠準備好要離開了。請幫助牠。」最後，那隻貴賓犬被安樂死，柏娜黛特感到平靜，因為她以有可能最好的方式服務了這隻狗的「靈」。

然而，在聽從自己的超級感官時，她必須忍受這類感情大戲，套用她的話：「一點兒也不好玩。」

有時候，有直覺力可能一點兒也不好玩。但是你可以在適當的時候設法讓它盡可能地好玩（讓心愛的寵物安樂死一點兒也不好玩）。有人說你是怪胎的時候，你可以同意並說道：「確實如此。謝謝你注意到。」或：「我最愛自己這個部分。」換言之，讓對方猝不及防。假使你對人們的評斷不隨性反應，對方便放輕鬆並心生好奇。最終，他們甚至可能會改變立場，接受實際情況。

我的個案斯特凡諾，公開與每一個他認識的人分享他的蜘蛛人感應說什麼。他甚至將自己的直覺叫做「蜘蛛人」，現在連他的朋友也這麼稱呼他的直覺。「上週，跟朋友出去玩的時候，我三次被要求向蜘蛛人尋求建議。每一個人都表現得好像那是一則笑話，可是我知道，他們很認真。他們看見我的蜘蛛人感應運作得非常好，希望它也為他們服務。」

好好休息一天，不尋求他人的認可，尤其是當你擁有你可以仰賴並公開承認且全面運轉的第六感時。首先不要不由自主地詢問他人的想法，除非有必要，例如在工作時詢問上司。你一詢問他人的想法，就等於將你的力量交出去，往往交給不知道你需要什麼或什麼對你重要的人們，更甭提那人是否在乎你了。

此外，我們時常得到非常直接而精確的直覺指引，但卻往往像對待燙手山芋一樣處理它，甚至沒有考慮它會為我們提供什麼，就把它扔進別人的懷裡，尋求認可。今天，要下定決心不那麼做，如果這麼做的話，務必快速讓自己改變方向。舉例來說，假使你的確不由自主地請求得到某人的認可，那就說：「對不起。我不是故意把這事加諸在你身上。我知道該怎麼做。」即使你並不確定該怎麼做。只是翻轉一下這個傾向就讓你有勇氣和力量跟隨自己的心，而且令人驚訝的是，你必會知道該怎麼做。

其次，在當天開始的時候，要下定決心，如果你確實接收到不認可直覺上對你說話的某事，請準備好轉移能量。說些諸如此類的話：「感謝你的反饋，可是不管怎樣，針對這事，我會信任自己感應到的氛圍，而且願意遵照我的直覺。」然後換個話題。這是清楚明確的方法，讓人們知道，他人的認可沒有必要，他人不認可也阻止不了你。

負面反饋或不認可是預料中的事，但不要允許它們使你無法聽從內在的指引。當然，這需要你對你選擇聽從的事負起百分百的責任，但那總是勝過聽從他人隨意的意見。要聆聽你的心，選擇跟隨你的心，如果你害怕或猶豫，不妨祈求勇氣。我最愛的每日意念祈禱是：「靈啊，讓我朝著我今天的至善前進。」如果你大聲說出這句話，而且說得真心實意，無論你可能遭遇來自他人的哪種不認可，或你可能有任何猶豫，你還是會被推著向前走。儘管不認可，但是由於遵照你的指引，你讓他人知道，你無條件地愛護和接納自己，而且完全敬重你的超級感官。這說明，雖然你沒有所有的答案，但是你願意給予你的心找到答案的機會。

順帶一提，你可能想要向某些人尋求指引，包括有智慧的長者、老師、嚮導、治療師。然而，不管哪一種類型，好嚮導總是會鼓勵你聆聽且跟隨自己的心並忠於自己。如果你接收到的指引削弱你的力量、責任或真實性，那就不是好指引，而是操縱。

DAY 13

解讀空間

有直覺力涉及一個重要而實用的部分，就是：覺知到周圍的能量以及它如何影響你和他人。畢竟，正如量子物理學現在證實的，我們是能量體，在能量層面不斷地相互影響，包括局部和遠距。與正能量互動時，我們感覺很讚。與負能量互動時，我們變得焦躁而枯竭。

譬如說，你曾經進到剛剛發生過爭執的房間嗎？假使你有一丁點敏感，你有可能感覺到瀰漫在空氣中的緊張和憤怒，導致你自然而然地肌肉收縮，甚至有點屏住氣息，祭出你的防禦措施。另一方面，你曾經走進美麗的教堂、寺廟或清真寺，且立即感受到一波平靜和放鬆席捲你嗎？或是走進一家不錯的餐廳，儘管這家餐廳的評論很好，但你卻立即感應到你不會喜歡你的體驗，因為氣氛太緊繃，然而沒有人對這一切說過片語隻字？

當然，我們全都有過這些體驗，但是某些人很少給予它們應得的關注。某些人持續否認自己的感受，彷彿一切都好，然而事實並非如此。情況最好時，這讓我們感到虛偽，而情況最糟時，它使我們陷入危險。

許多人曾被教導要否認自己的感受，因此自然而然地，這造成內在的紛亂和壓力。對孩童來說，這點尤其真實，比起具防禦力的成年人，孩童的心和能量場比較敞開，而且成年人時常悲傷地告訴孩童，他們的感受並非真實。舉例來說，如果你看見一輛公車朝你徑直駛來，你即將被撞，同時善意的成年人告訴你，根本沒有公車，你會有何感受呢？你會怎麼做呢？你會否認某人的直覺嗎？或告訴正在精準地解讀某個地方、某個人或某個情境的某人，他的感應並不真實，教導這人打從心底懷疑自己呢？這超級有害。當你對自己做這類事情的時候，同樣超級有害。

舉個例子，我與個案瑪麗蓮談話，她說，她和丈夫每天咆哮對吼，持續了一段時間。他們的爭吵非常激烈，最近，他們決定離婚。她打電話給我預約療程，因為除了處理這場危機，他們的十歲兒子哈德森最近經常嚴重胃痛。「我很擔心他出了什麼嚴重的問題，」她十分迷惘地說，「可是目前為止，醫生找不到問題。明天安排他接受比較詳細的檢查，而我很害怕，擔心最壞的情況會發生。」

我立即明白哪裡有問題，而且很震驚瑪麗蓮欠缺洞察力。「哈德森知道你們快離婚了嗎？」我問。震驚的瑪麗蓮答道：「完全不知道啊！我們一個字也沒說。他完全不知道，我們也不希望他知道，尤其是從他感覺很不舒服以後。」

「你說他什麼都不知道，你錯了。」我答道，「你們倆可能沒有告訴他真相，可是他還是直覺地感覺到了，而且這使他極度焦慮。假裝一切沒事，而事實上顯然並不是這樣，那只會令他困惑迷惘，所以他正在排斥自己的直覺，而且這讓他很痛苦。他生病是因為屋子內的有毒能量以及你們倆否認事實，這令他質疑該信任什麼或該信任誰。你肯定也仔細想過這點。」

她看起來很震驚。「不可能啊！你這樣認為嗎？我們在他身邊一直非常小心。」

「你們一直小心翼翼地假裝，可是哈德森感應到這是謊言。我當然相信，不管他的胃部發生什麼事，這都起著重大的作用。忽視或否認我們感知到的事物並不會讓能量消失。無論我們正在體驗的能量是好或壞，如果能量沒有被有意識地承認，就會困陷在我們的器官中。」

後來，瑪麗蓮分享說，哈德森的診斷結果是「一般壓力」。由於是在我們談話之後才得知那則資訊，瑪麗蓮、她丈夫、哈德森開始接受家庭治療。我不確定哈德森接受治療後的情況，但是至少他不再被否認和假裝所毒害。

你是在解讀空間還是否認事實？

瑪麗蓮的兒子並不是唯一解讀空間的人。我們大家都在解讀空間。它是有直覺力的生命體與生俱來的一部分。我們需要視之為生存機制。它保護我們，使我們運用自己的超級感官，來確認外在感官無法記錄的內容或故意隱瞞我們的事。

偉大的美國詩人瑪雅．安傑洛（Maya Angelou）曾經說過：「當某人讓你看見他們的本性時，不妨首度相信對方。」這不僅意謂著他們在外在讓你看見什麼，還意謂著他們在能量上向你展現什麼。

知道你是否在運用直覺而不是單純地投射到他人身上的關鍵是：好好關注

你實際上注意到的事物。真正的直覺是簡短、直接、切中要點，讓你感到如釋重負、被告知、被激勵、清晰明確。兩相對照下，負面的小我評斷或投射往往冗長囉嗦、漫無目的、具競爭性、自以為是，而且通常令你感到噁心。

直覺地評估人們和地方時，要避免將事物過於簡單地詮釋成只是「好」或「壞」。讓你感覺「好」的人們或情境，之所以讓你感覺好，因為那類人們或情境傳遞正向或和諧的振動給你，而讓你感覺「壞」的人們或情境，可能會耗竭你的能量，因為他們的能量就是與你的能量不和諧。並不是說某種能量好，另一種能量糟，或你的感受反映出一個人或情境總是如何，它可能只是反映出當下那一刻的能量。

要中立地研究能量，然後做出相應的回應。譬如說，如果你周圍的力道令人枯竭，你可以走開、長話短說或轉移對方的注意力。由於保持覺知，你讓自己有權選擇並維持你的力量。如果你沒有覺知到或注意到人們或情境如何影響你，你就讓自己處境不利。舉例來說，你可能直到感覺好像快暈倒了，才注意到你正因為某人而耗竭。或是，你可能會在設法重拾剛剛失去的能量時，無意中消耗下一個人的能量。假使情況如此，這位無戒心的下一個人會認為你很負面、令人耗竭。所以，懂吧，你越是以直覺評估你發現自己連結到的人們、地方、情境的能量，你就會得到越多的資訊、力量、保護。

現在，停下來，解讀一下所在空間的氛圍。把本書先擱在一旁，閉上眼睛。深呼吸一下，好好聆聽這個地方的振動。它告訴你什麼呢？這不是考試，所以不必擔心是否答「對」了。想像你正做著簡單而日常的事，比如查看天氣，而且信任你目前的評估。

直覺地解讀，可能在目前空間中或最近曾在此空間內的任何人以及這些人仍舊存在那裡的能量。快速地大聲說出你的感受（或在不冒犯的情況下盡可能大聲）。不要想太多，也不要評斷。要信任你的第一印象，因為它們通常最準確。用你的整個身體而不是只用耳朵聆聽。你感應到什麼呢？以及它讓你有何感覺呢？大聲表達出來。在你表達你的直覺感受之後，要注意它對你的內在有何影響。你運用直覺解讀的東西在你的體內感覺真實嗎？感覺準確嗎？你感應到的東西是否讓你感到放鬆和滿意呢？它是毫無疑問地清晰明確嗎？還是讓你困惑迷惘，需要事後猜測呢？

你的「直覺解讀」越快速、越清晰，答案就越精確，你也會感覺越有力量。經常落實，你在這方面會越來越擅長。如果在嘗試直覺解讀時，你發現自己事後猜測或過度思考，那就表示，你的小我已經接管了這個練習。務必暫時停下來，以後再嘗試。

DAY

14

把話說出來

目前為止，你知道我們有六種感官，不是五種，而且天生有直覺力。我們經常接收到微妙（有時候不那麼微妙）的直覺訊息。即便如此，當我們的超級感官發出警報時，有些人仍舊拒絕大聲說出來，因為他們不願意面對往往隨後來自他人的潛在反對意見和反應。他們擔心自己可能會傷害某人的感覺、害他人失望，擔心被指責不合作或製造麻煩，擔心讓人覺得好像自己正在糟蹋聚會或攪亂現狀，甚至更糟。他們擔心脫離群體和孤立，會讓自己看起來像傻瓜或一點兒也不酷，還有可能無法恢復原狀。所以他們保持沉默。

這全都可以歸結成一個基本問題：取悅他人勝過忠於自己。當個討人喜歡的人並壓制你的內在指引是要付出代價的，它削弱你的自尊心、貶低你的操守、使你感覺不真。是的，當你知道自己會遭遇阻抗時，可能會很難分享你的感受，但是不那麼做卻失去你的操守與自尊，值得嗎？

伊芙琳必須做出決定。大學畢業後，伊芙琳與她的畢生摯友莎拉合夥經營，在莎拉的敦促下創建了一家軟體諮詢公司。伊芙琳喜愛莎拉的自信，儘管有時候，她發現莎拉過於衝動，令伊芙琳不知所措。不過，莎拉的積極進取精神多數時候對他們有利，幫助他們的公司順利起飛。伊芙琳很高興追隨莎拉勇往直前的人生態度，讓莎拉主導，因為那麼做通常效果很好。這情況持續，直到莎拉開始與她在約會軟體上認識的湯姆約會。

儘管湯姆沒有做出任何表面上有問題的行為，暗示他不值得信任，但是每次湯姆出現時，伊芙琳的危險信號便會響起。對伊芙琳來說，還好這情況不常發生，所以她保持沉默，即使很想表達，也沒有分享自己的懷疑。眼見莎拉與湯姆越陷越深令伊芙琳不舒服，但是說出來並分享她的負面感受且有可能讓莎拉生氣，卻令她更不舒服。因此，她什麼也沒說。

幾個月後，莎拉搬去跟湯姆同居，這進一步令伊芙琳焦躁難安。湯姆有些「不對勁」，伊芙琳知道，可是她只有自己的直覺可以背書。伊芙琳沒有向莎拉提及她的擔憂，但她確實向丈夫傑克提到過這些。傑克只是笑笑，跟她說，她是保護過度，還堅持認為，湯姆很讚，所以此舉無效。伊芙琳將她的感受進一步推開，儘管這麼做幾近痛苦。

婚禮日期定下來時，莎拉邀請伊芙琳當她的伴娘，伊芙琳知道，該是說出她的壞預感的時候了。可是莎拉似乎幸福快樂，而伊芙琳不想破壞摯友的喜悅。伊芙琳知道保持沉默是膽小鬼，但合理的解釋是，莎拉是成年人，知道自己在做什麼，何況莎拉並沒有徵求意見，所以伊芙琳也沒有主動表示。

婚禮到了，一切看似順利，可是之後不久，莎拉就帶著臉上和雙臂的瘀傷來上班。伊芙琳嚇壞了，問她發生了什麼事，而莎拉解釋說，她在家摔了一跤。伊芙琳知道莎拉撒謊，但還是什麼也沒說。又過了一個月，莎拉帶著骨折的手腕出現，又說她摔跤了，可是這一次，伊芙琳厲聲直言。她再也無法保持沉默。「莎拉，我不相信你的話。湯姆做了什麼事？」

然後莎拉崩潰大哭，坦承湯姆偶爾會喝醉，喝醉後就發脾氣，有時候變得很暴力。莎拉堅稱，除此之外，他人很好，可是近來一直有壓力，因為他最近失業了，那引發他的暴力行為。

伊芙琳感到噁心。她心中納悶，如果她早早說出來，或許莎拉會在婚前更坦誠地面對自己是否接受得了湯姆的酒癮和暴力傾向。結果，伊芙琳只能搖頭。「莎拉，我知道湯姆不是好人。我只是不知道該如何告訴你——你似乎幸福快樂。我不在乎他承受多大的壓力。他很危險。現在就離開吧。」

莎拉很氣伊芙琳，拒絕離開湯姆，而且事情迅速急轉直下。莎拉更常挨打，而伊芙琳益發挫敗，在一旁無助地看著。不到一年，莎拉離開了公司，與湯姆一起搬出城，搬到另外一州，湯姆在那裡找到了新工作。伊芙琳傷心失望，因為沉默不語，她辜負了朋友。「我不僅辜負了莎拉，也辜負了我自己，」伊芙琳來解讀的時候坦承，「我不想惹莎拉生氣，也不希望自己不舒服，所以我保持沉默，把她餵給了狼。」

伊芙琳不必為莎拉的決定負責，但她要為自己的決定負責。為了維持和平而壓制她的直覺等於是一種自我背叛，使我們無法充分活出自己的力量和操守，那正是最困擾伊芙琳的因素。

可以理解為什麼許多人有這種感覺。說出來並分享你的內在指引可能不受他人歡迎，尤其如果你的預感涉及對方。這是因為你的內在指引可能會顛覆某人。就連伊芙琳的丈夫也以他的回應要伊芙琳閉嘴。所以問題來了，你要顛覆的是誰呢？他人嗎？還是你自己的操守呢？

當我們的直覺感應到某事可能不受別人歡迎時（而且實際情況確實如此），我們必須願意面對對方的不認可。我把面對這種情況稱作「在火焰中起舞」，因為不認可可能會感覺非常強烈。然而，如果我們在能量上起舞，而不是取悅別人，如果我們保持忠於自己，不斷聆聽自己的內心和「靈」，而不是說些吸引別人的話，我們最終將會對他人的不認可免疫，而且提升自己的自尊和認可，這樣的結果便好上許多。

如果你想要成為有直覺力量、真實可靠的人，就必須準備好在負面意見的火焰中起舞。這是不可避免的，因為人們一定會抵制。對他們來說，設法要你閉嘴比改變他們的方向容易。不要讓這嚇到你，無論如何都要說出來。

今天，如果你有需要分享的感受，請勇敢地忠於自己並大聲說出來，即使這意謂著，有可能面對不認可或其他不良反應。應對多數挑戰的常見習慣用語是「我信任我的直覺，那對我有用。」說這樣的話往往就夠了，但是如果你必須多說一些，只需要加上「事實證明，我的直覺對我（始終強調『我』）來說是可靠的指南，所以我選擇聽從它，即使它現在不符合邏輯。」

要預料到有所抵制以及做好惹惱他人乃至令對方生氣的準備，尤其是如果你的預感妨礙對方希望事情如何開展。舉例來說，如果你被推著要去某個地方、做某事，或同意你覺得不對的事，比如說，你的預感說「回家」，而你卻待在戶外，或是你的預感說「不要把錢花在這裡」，而你卻花著錢，或是你的預感說「他是騙子」，而你卻聽見「他是很讚的人」，要尊重你的直覺，只說些諸如此類的話：「很抱歉令人失望，可是我必須聽從我的預感。」或：「那不適合我。對於這事，我有不同的預感。」然後微微一笑。

要預料到，有時候會遭人指責，說你負面、掃興或「潑冷水」，因為直覺往往暗示計畫的改變，而人們不喜歡那樣。也要預料到，會被人嘲笑，或有人鼓勵你忽略和背叛你的感覺，才能「維持和平」，因為直覺很誠實，而某些人對那麼誠實並不感興趣。

關於直覺，無法解決的是：直覺是顛覆大王，而且這是直覺的一個重要且具保護作用的面向。直覺是好事，然而往往不受歡迎。一旦活出有力量、直覺的人生，必會隨著領域的改變從而顛覆糟糕的計畫。

重點在於，不要讓任何事物阻止你忠於自己，也不要跟任何人爭論。那無用且徒勞。如果你被指責瘋狂或無趣，那就同意吧！與其戒備心大起或同樣憤怒生氣，倒不如微笑著說：「是啊，我知道我有點兒瘋狂，可是我總是跟著感覺走。」這通常可以阻擋對方的抵制——即使阻止不了對方發牢騷。我發現，你必須為自己和自己的決定挺身而出，才能聽從自己的內在指引一或兩次，別人也才會明白，他們可以預料到你會有此反應，於是他們不再設法要你放棄你自己。

一般而言，只有與自己的直覺斷連的人們，也就是不知道或不想要知道如何坦誠面對自己的人們，才會告訴你要捨棄自己的預感，因為對他們來說，這比承認他們正在否認的事更容易。然而，取悅這樣的人們而不是表達自己的真實感受，代價很高，代價是你的個人力量和自尊。

因此，即使會有人不高興，也要聆聽你的內在指引且在必要的時候說出來。不要向任何人過度解釋你的直覺。要明確而直接地說道：「不管怎樣，我信任我的直覺。」而且說到做到。如果你真的說到做到，人們經由你的振動就可以辨別。當你做出那樣的選擇且堅持信守時，你便取回你的操守、自主權、個人力量，得到解放，不受外在世界的操控。你可能會失去一或兩個朋友（乃至家人），或體驗到某些緊張或距離，但這勝過擁有只是為了讓對方舒服而堅持要你忽略你的超級感官的關係。最終，假使你得不到別人的認可，也會贏得對方的尊重。這可能是挑戰，但卻是值得面對的挑戰。一旦致力於好好聆聽你的直覺，你就成為自己人生的真實領導者。這難道不是一直以來喚醒你的直覺的目標嗎？

第3週

從中成長

第三週，這趟探險繼續，你發現新方法，讓腦力激盪出直覺的解決方案；會見屬於你的強大神性支援系統，運用強而有力的鍛鍊鞏固你的直覺肌肉；體驗到更多的自在和喜悅，知道你的直覺值得倚賴，可以在你每次遇到挑戰時，指引你邁向成功，見識到你的恐懼消退，自信升起。到了本週末，你的第六感超能力將會全面運作，於是你一定會比以前更有力量。

DAY 15

會見你的守護天使

作為神聖存有，我們擁有一套由天使、指導靈、光之存有、自然界的精靈、我們的母父神構成的神性支援系統，從我們的第一次呼吸到嚥下最後一口氣息，祂們一直臨在我們的生命中，協助和指引我們。這套支援系統隨著我們的改變而改變。不過，我們的守護天使始終與我們同在，而我們的指導靈則根據我們的焦點和成長來來去去。歷史上許多名人都談到他們與靈界幫手或指導靈的連結。或許榮格是其中數一數二知名的，他是瑞士的精神病學家，也是分析心理學的創始人，這個學派大大影響了現代心理學和心理治療。

榮格每天與名叫腓利門（Philemon）的指導靈交談。腓利門的指引首次出現在榮格於二十世紀初經歷的一系列主動想像體驗和觀想之中。腓利門以白鬍子老人的身分出現，有著從內心長出的雙翼，帶著通向智慧的鑰匙。他為榮格提供指引、洞見、比小我更高的視角，而且成為榮格畢生忠實的朋友、同伴、直覺靈感的源頭。

榮格以多種方式與腓利門交談，時常在靜心觀想期間長時間交談。有時候，榮格藉由書寫、提出問題、接收答案與腓利門交談。與腓利門交流是榮格畢生工作的一大部分。

古希臘哲學家蘇格拉底也提過他的指導靈戴蒙尼翁（Daimonion，別與英文「惡魔」demon 一詞混淆了），戴蒙尼翁指引他度過一生，警告他不要犯錯，建議他走哪條路，但是從不告訴他該直接做什麼事。事實上，這個戴蒙是希臘文化的一大部分，因為每一個人畢生都有神性指引臨在。

我從小就是天主教徒，了解每一個人都有大量的指引力道可以幫助我們，從我的守護天使開始。我被介紹認識眾多的天使、聖者、已故親人、光之存有、自然界的精靈、元素精靈、母父神，輕而易舉，就像介紹我認識鄰居一樣。我從來沒有一天覺得自己孑然一身。我的神性支援系統隨時待命。在家裡和在教堂，我們向自己的神性幫手祈禱，祈求祂們調解和支援世界上每一件憂心的事，深信我們的祈禱會被聽見並得到回應，而事實也的確如此。

我個人的指導靈和幫手首次出現在我五、六歲的時候。第一位指導靈是蘿絲，她是慈愛的臨在，每晚入睡時，她會出現在我的臥室內。她過去和現在都無條件地愛著我、令我安心，讓我知道我絕不孤單，以及我始終被愛且深受保護。我有許多其他的指導靈和幫手，包括約瑟夫，祂幫助我解決實際事務，例如為我找到住家和公寓，讓我的車有人修理（在我有車的時候），以及在我們旅行時，保護家人和我的安全。然後還有約阿希姆，祂是大師級指導靈，在我對群眾演講時，祂幫助我教學。這些只是我的遼闊神性支援系統中的幾位成員，每一個人都有這套系統，而且我們全都可以從中得到指引。

第一次介紹我的朋友南希認識天使和指導靈的時候，她很著迷。南希在非宗教、非靈性的家庭中長大，擁有看不見的天使支援系統的想法，為她帶來巨大的喜悅和安慰。南希尤其對大天使著迷，祂們是監督我們的人生並為我們提供強大支援和保護的主要天使。我告訴她，我戲稱這些大天使是「阿奇師」（the archies），每當我離家時，為了確保每一天都有安全而喜悅的體驗，我會祈請祂們在上、下、前、後、兩側等六個方位包圍住我。

南希立即接受了「阿奇師」們，而且接納這些「阿奇師」是她自己的。祂們立即賦予她前所未有的自信感。她也喜愛了解守護天使，而且召喚她的守護天使前來。「在我的想像中，祂表現成強大而美麗的臨在，騎著展開巨型雙翼的馬兒出現。祂笑得很開心，介紹自己是蘭斯洛特。」她分享道，「蘭斯洛特出現的那一刻，我感覺好像自己認識祂很久了。由於祂的支持，我找到了開啟我的諮詢業務的勇氣，那是我多年來一直想做但不敢做的事。由於蘭斯洛特和我的指導靈的指引，我得到了答案、想法、解決方案、靈感，我的小我從來沒有足夠的創意或自信提供這些給我。」

觸及你的指導靈很容易：只要接受祂們在那裡，以及打開你的想像力讓祂們進來。不要因為需要知道這點如何運作，而讓你的小我妨礙擋路。就好像海裡有成群美麗的魚，你看不見，但是知道牠們在那裡，同樣地，也有一個由天使、指導靈、靈性幫手構成的迷人世界，祂們暢遊在難以捉摸的層面，以愛和支持包圍你。要求你的小我退到一旁，讓你的想像力帶你到那裡。

我的個案史都華是邏輯性極強的會計師，我告訴他，有一位守護天使在旁伺機而動，要幫助他，當時，他心存懷疑。在我提到這點時，他詭異一笑，說那是有趣的幻想，但老實說，很難相信。我微笑著問他，他想不想要守護天使。

他回答說：「當然想。誰不想要呢？」

於是我答道：「那就請求祂們出現，選擇一個名字，讓你們倆可以溝通交流，要求一個祂們就在附近的信號，因為你有所懷疑。我不會設法要你相信祂們在你身邊。如果你想要見到祂們，你會讓那事發生。」

「好吧，」他不情願地讓步，「所以我該怎麼做呢？」

「閉上眼睛，然後告訴我，祂站在你身後哪一側？」我問道。

「在我左邊。」他俏皮地回答，顯然是在瞎編。

「叫什麼名字？」我接著詢問。

「卡斯珀，像友善的鬼馬小精靈。」他微微一笑，然後放聲大笑。

「向祂要一個信號，讓你知道祂在這裡。」

儘管感覺很傻，史都華還是配合了，他抬起頭，大聲說道：「卡斯珀，如果你在這裡，給我發個信號。」他離開時就說到這裡，搖著頭說很好玩，可是很可笑。

隔天，史都華打電話來，驚訝得幾乎喘不過氣來。「猜猜我今天早上在信箱裡發現了什麼！十根白色羽毛，沒有任何說明。這太瘋狂了！」

「對我來說不瘋狂，」我答道，「卡斯珀不浪費時間的，對吧？」

今天，會見一下你的守護天使。閉上眼睛，反問自己，這位美麗動人的神性幫手站在你的哪一側呢？左邊還是右邊？感應你的守護天使的臨在和位置。信任你立馬感覺到的感受，千萬不要質疑。一旦連結到你的守護天使，要詢問對方叫什麼名字，而且快速地大聲說出來。

說出你腦海中浮現的第一個名字。然後說：「你好。很高興你在這裡。」一旦這個連結建立好，就讓這份關係開展。

假使你的想像力有問題，而且感覺不到你的天使，不妨選擇你希望你的守護天使在哪一側，而且指示你的天使始終在那裡與你會面。你的天使愛你，祂一定會完成你為了感覺得到連結而要求的不管什麼事。此外，假使你的想像力有點生鏽，而且詢問後沒有得到名字，那就為你的守護天使取個名字，然後說：「我們溝通交流時，我會這麼稱呼你。」這樣也有效。這個名字只是連結的方法，而你的天使很高興以適合你的任何方法完成這件事。

一旦你聯繫上且決定了某個名字，要隨心所欲請求你的天使每天賜給你一個祂就在附近的信號，然後敞開來接收信號。最常見的天使信號是羽毛。在你有意識地與你的守護天使連結之後不久，往往一位守護天使就會出現。

DAY 16

好好觀察，不吸收

光是你的直覺運作是不夠的；你希望運用你的直覺雷達辨別。這是因為，除非你善於辨別，否則可能會不知不覺地調頻聆聽，吸收你不想要且對你沒有用的能量。正如量子物理學認定的，我們是由能量振動構成。這股能量就像無線電頻率，而且我們全都同時在不同的能量層級上廣播。不妨想一想，當我們扎根接地於我們的「靈」的時候，我們廣播的信號就像古典音樂衛星站廣播的信號——優美地傳達靈性指引與療癒。

兩相對照下，當我們的能量不佳時，我們廣播的是低階許多、比較不和諧的能量，或我所謂的「心靈痞子」（psychic riffraff）。這股不快的能量廣播傳遞我們的感受、心情、恐懼、思想、焦慮乃至惡夢的負面振動。不妨將這樣的心靈傳達視為等同於低頻振動的「調幅」（譯註：相較於「調頻」F.M.廣播，「調幅」A.M.傳播距離較遠，但易受干擾，而且由於載頻的頻帶較窄，音質不及調頻廣播）談話廣播電臺。換言之，就是令人苦惱的噪音。

假使你的直覺頻道開啟了，可是你的調頻器並沒有撥打至對你來說重要、有價值、與你和諧的頻道，你可能會在不知情的情況下，意外地撥入某人的低頻振動負面廣播，而且讓負面廣播接管你的身體和頭腦。

舉例來說，你是否曾在拜訪不開心的朋友或家人時，突然間感到抑鬱或焦慮，儘管你抵達的時候心情愉快？或是，走進某個房間，突然間感到焦躁，於是迫不及待想離開？這可能是因為你吸收了那個人或那個地方的焦慮、抑鬱或恐懼，導致你的心情和觀點突然改變。假使沒有覺知，你可能會吸收別人的壓力、憤怒乃至疾病，而且突然間無緣無故地感到煩躁、精疲力盡或枯竭。這可能會發生在當你與某人在一起或在團體裡或人群中的時候（例如，搭乘公共交通工具或在有毒的辦公空間內）。

一位個案絕望地說：「桑妮雅，我認為我像海綿一樣，吸收了地鐵上每一個人的壞心情。等開始工作時，我覺得好像自己的身體內攜帶著全世界的疼痛、苦楚、憂慮。」她確實是這樣。另外一位個案則說：「一走進辦公室，我的心情瞬間糟透了。就好像辦公室中毒了，負面能量瀰漫，而我因此感到噁心。」

這類事情曾經發生在你身上嗎？當你與某些人在一起或在某些地方時，是否很容易吸收他人的能量或被負面氛圍淹沒呢？好好想一想。當你身邊有焦慮、煩躁的人，你多久會呈現出同樣的能量呢？對許多人來說，八成不會太久。

兒童和青少年尤其容易吸收到有毒的氣氛，例如在學校，那裡可能沒有什麼緊張感且能量極低，於是有些孩童設法表達這樣的情境。只是，孩童有可能因為非常坦白而被懲罰或嘲笑，尤其如果他們的壞氛圍源頭不願意承認在污染能量。

舉個例子，我女兒莎賓娜上幼兒園時，老師艾格妮絲對孩子們失去耐性，要全班的三歲孩子暫停。莎賓娜安靜地坐了一會兒，然後站起來，整理了一下衣服，走到老師的桌子前，說道：「艾格妮絲老師，我們在角落裡覺得很開心。等你覺得比較好的時候，想不想加入我們啊？」內心被點破的艾格妮絲老師，不知道該對莎賓娜生氣還是該對她笑。

還好，艾格妮絲老師笑了，因為莎賓娜說得沒錯：舉止不當的是艾格妮絲老師。被點破的艾格妮絲老師放過了小朋友，讓自己休息一下，這才是那天早上真正需要做的事。

還好莎賓娜當時三歲，艾格妮絲老師覺得這事很可愛，那天我接莎賓娜放學時，老師向我講述了這件事。我很確定，假使莎賓娜當時上初中或高中，老師的回應可能不會那麼正向，甚至可能會懲罰孩子。無論是成人或小孩，都常會因為恐懼而舉止不當，然而很少人願意承認這點。那太嚇人了。似乎多數人偏愛攻擊、防禦、指責或退縮，而不是承認能量的真實狀態及其來源。

敏感的兒童、青少年、成人為何總是容易感到抑鬱，我相信，吸收他人的負面能量在其中扮演重要的角色。人們被周遭沉重的能量「削弱」了。我們在內心深處都很敏感，容易受到自己所處能量的基調和品質影響。因此，我們需要體認到能量如何影響我們，而且更重要的是，要善於辨別我們允許哪些能量影響到我們。

不管怎樣，好消息是，你可以保護自己免於這類心靈污染。第一道防線是，承認你所承受的心靈能量的本質。第二道防線是，允許自己遠離感覺不好的負面能量。只要假裝生病或說你需要一些新鮮空氣即可。你確實需要啊。然而，實際上，你不可能始終辦得到，例如，與有毒的上司交談，所以這裡有其他比較可以保護自己的微妙方法。

首先，要打定主意，只管自己的事，不管他人的事。這是我的老師查理教我的第一堂課。他當時並不是在告誡我，反而是讓我把注意力持續只集中在我的責任上，藉此幫助我避免吸收到我不想要的東西。「如果有人今天過得很糟，」他會建議說，「如果有可能，保持距離，不要設法解決那件事。要信任那個人一定會找到解決方法。如果你不干涉，對方通常會找到答案。」這是他給過我最好的建議，也是建立良好邊界的基礎。

其次，搞清楚你的優先順序和目標。你的目標越明確，你就越有可能避免來自他人的心靈污染。要提醒自己好好觀察，不要吸收周圍的能量，而且拒絕接受不屬於你、不為你服務或可能會傷害你的能量。你的意圖和優先順序越明確，你的直覺GPS（全球衛星定位系統）就會運作得越好，你就越能隔絕不想要的影響，因為它們的振動與你的焦點不匹配。

第三，有意識地建立你的能量邊界。假使你的直覺通道大開，然而卻不知道也沒堅持你的邊界，藉此保護自己，你可能很容易浸滿不想要的能量。很不幸，我自己也容易受到這點影響，所以我必須不斷提醒自己，一次又一次，才能牢記我的目標和優先順序，使我的能量邊界就定位，不至於吸收其他人惡臭、低階的頻率。

第四，與氛圍不好的人保持距離，就跟你會避開流感患者一樣。如果某人顯然散發著不好的能量，對這些人心存慈悲無妨，但是要避開。儘管這是基本常識，但我還是必須提醒自己要這麼做。舉例來說，當我身邊有位心力交瘁、痛苦悲慘的摯愛，而我並沒有扎根接地在自己的身體內，也不清楚自己的優先順序時，我會在大約三分鐘內吸收到對方的焦慮。這就像感染心靈病毒。然後我們倆都不高興，通常接下來會吵一架或起爭執，那對誰都沒有幫助。當我遇到不認識的某人氛圍不好時，情況更糟。因為曾被教導要「友善待人」，我過去時常坐下來接受。現在再也不會了。我的新格言是：「首先，要善待自己。」建議你也採納這個規則。

舉個例子，最近在倫敦，我坐進一輛計程車，司機心情差，負面能量極大，就像一團煙霧朝我襲來。這令我詫異，因為打從搬到這裡，黑色計程車司機通常是我遇過數一數二奇妙、有趣的人們。這人卻不然。反正今天不對勁就是了。他陰鬱、焦躁、魯莽甚至嚇人。搭了他的車走過兩個街區，然後我受夠了。我不希望他毀了那一天，所以我說：「不好意思，先生。我改變心意了。麻煩在這裡讓我下車，好嗎？」他的計程車氛圍糟，而我不要再多忍受一分鐘。他很惱火，把車停在路邊，而我以最快的速度奪門而出。體驗到這事之後，我不得不走過幾個街區，清理我的氣場，但謝天謝地，我成功了。我憶起查理給過我的教導，拒絕琢磨司機為什麼毒性那麼強。知道原因或關心不是我的事。逃離那團糟糕氛圍並照顧好自己才是我的職責。

好好觀察但不吸收你周圍的能量。假使你發現自己在有毒的氛圍中，務必轉身離開。如果無法離開，就要緩緩地呼吸，充分地吐氣，釋放有毒或不和諧的能量，彷彿在心智上清空垃圾。假使不好的氛圍來自於你必須與之互動的某人，不妨將身體稍微轉向對方的右側或左側，且隨意交叉雙臂，放在肚臍上方。這個位置是你的太陽神經叢，也是你的身體中最容易吸收周遭能量的地方。

交叉雙臂防止你吸收能量。要持續緩慢地呼吸，用心吸氣，數到四，然後吐氣，數到四，澈底清空你的身體。保持轉向，雙臂交叉，只要需要，就繼續好好呼吸。從某人的強烈情緒風暴觀點來看，這可能挑戰性十足，因此，要趁事情平靜時提前練習，這頗有幫助。如此一來，你的身體完成過這件事，於是在需要的時候，身體就會再次自動執行這件事。

DAY 17

自動自發行事

一位名叫羅莎莉的學生在沒有事先規劃的情況下，自發地加入我的直覺開發課程。我問她是怎麼做出這個決定的，她說：「我不確定。我猜我只是想要感受更有直覺力，何況這事感覺起來挺正確的。」她分享說，童年時期，她曾在情緒和身體上飽受虐待，這使她懷疑自己的直覺。最後，經過多年的治療，羅莎莉理解為什麼她感覺與自己的真實自我斷連得那麼厲害，可是與以前相較，卻沒有得到來自內在的進一步指引。或是她自認為的。

我很欽佩羅莎莉報名參加我的課程，於是向她保證，關於感覺自己的直覺不起作用，她搞錯了。畢竟，那天正是她的直覺把她帶到我身邊。「羅莎莉，直覺並不總是像你期待的那樣，以內在的聲音在你耳邊清晰地說話。」我解釋道，「事實上，它時常表現成一股來自內心深處、比較不著痕跡的力道，無須說一個字或有某個想法浮現腦海，就可以移動你的身體。它往往只是促使你去完成你沒有想到的事，就像今天驅使你來到這裡，就是它的傑作。」然後我問羅莎莉，是否記得其他時候，她發現自己自動自發地以事先沒有規劃或想過的方式移動，然而結果對她來說卻很正向。

她整個人亮了起來，說道：「是啊，在我遇見我丈夫的時候。」

「發生了什麼事呢？」我問道，很好奇，想要知道更多。

我剛剛離開寵物用品店，推著一大車為我的犬舍生意準備的寵物用品，沉思著，朝我的車子走去，突然間，我的推車撞到朝我走來的某人。我大為震驚，居然沒有看見他走過來，於是極盡可能地道歉。儘管如此，我腦海裡卻感覺好像我的推車自有其心思，故意讓我撞到他。對於這事，他並沒有生我的氣，反倒好聲好氣，於是我如釋重負且感到意外。事實上，他接過推車，陪著推車和我一起走到我的車子旁邊。他幫我把三大袋狗糧放進後車箱，然後問我為什麼買那麼多狗糧。我告訴他，我經營犬舍生意。他說，那是他的夢想。長話短說，那之後，他時常來我的犬舍店，久而久之，我們成了朋友。現在我們結婚了，一起經營犬舍店。他跟客人聊天。我照顧狗狗。如果我的推車沒有撞到他，我們絕不會遇見對方。

聽完這則可愛的故事，我要羅莎莉注意，她的直覺運作得很好，輕推她的身體朝特定的方向走，而不是在她耳邊說話。她仔細斟酌這點，彷彿她的覺知中有燈泡亮了起來：

現在想來，被輕推時常發生在我身上。當初就是這樣開始我的犬舍生意的。我要去探訪朋友，當時開車經過高速公路旁邊的犬舍店。我自然而然、不假思索地停下車，走進去。我甚至不知道為什麼。我沒在尋找狗，儘管我很愛狗狗。我已經有兩隻狗了。進到店內，我開始與店主聊天，她是非常甜美的年長婦人，她告訴我，她很愛這間犬舍店，可是想把它賣掉，退休。還沒搞清楚怎麼一回事，我就已經出價要買那間犬舍店了。我想我瘋了，居然當場出價，可是我不在乎。那感覺起來挺正確的。我甚至不害怕。就好像原本那天我就是開車去那裡接管那家店。原本擁有犬舍店的那位女士仍然在店內工作，教我與犬舍業有關且我需要知道的一切。我不敢相信這事發生得那麼快，而且我很開心那事發生了。

她講完這些故事時，我指出，所有這些事件都是她的直覺帶領她的人生的實例。羅莎莉大笑，說道：「我想你說對了。我的直覺正在運作。我只是沒發現罷了。」

你呢？你是否還記得有哪一次，你自動自發地，讓你的內在指引以超出預料、不假思索或不在原本計畫中的方式推動你呢？事實證明這是正向的抉擇嗎？更重要的是，你是否曾經被輕推，要朝著與原有行動方針不同的方向前進，可是因為那不是原本的計畫，所以你忽略了，事後才後悔呢？

一天早上，我的個案約翰在上班途中，突然感覺到某股強烈的衝動，要靠邊停車，檢查車胎。那股衝動毫無意義。此外，他推斷，如果他跟隨了那股衝動，上班就會遲到，所以他並沒有那麼做。不幸的是，上高速公路之後不久，他正前方的半聯結車爆了一個車胎，一大塊車胎砸中約翰的擋風玻璃，還把玻璃砸得粉碎，導致約翰幾乎控制不了車子，差點釀成致命事故。幸好，約翰勉強將車子開到路邊，沒撞到人。約翰的車子嚴重受損，不過還好，他倖免於難。約翰講述這則故事時，搖著頭反思道：「那天早上，我感覺到一股強烈的衝動，要靠邊停車，可是我忽略了。如果我聽從自己的直覺，就可以避開那次事故。結果，我的車胎沒什麼問題，可是五分鐘後，開在我前方的半聯結車的車胎肯定有問題。」

在被直覺力推向個人的至善方面，約翰和羅莎莉並不是例外。如果真有什麼重點，那就是：這是你的直覺最強而有力的溝通方式。人們報告說，老是感覺到毫無邏輯意義的直覺衝動。可是因為這些衝動沒有伴隨理性的解釋，它們通常被忽略。而且遺憾的是，結果往往是後悔。

從直覺的輕推中獲益的關鍵在於：要靈活有彈性且同意朝著你的至善前進，無須解釋。要把這些輕推（世界上最自然的事）當作饋贈，因為它們確實是禮物。要準備好接收這些輕推，不容許智力阻止你（智力總是強求對它不可能理解的事做出合理的解釋，然後才同意放行），否則你一定會錯過那份贈禮。

今天，好好敞開、善於接收、自動自發、靈活有彈性。要期待你的直覺可以推動你。出門前，朝各個方向伸展一下，左到右（或右到左）、朝前、向後、轉圈圈。扭扭臀部，揮動雙臂，轉轉脖子，屈膝，敞開心扉。加入一些音樂和舞蹈，真正融入其中。要讓心智能夠接納所有可以推動你、無須邏輯解釋的直覺衝動。原因只是：「我的直覺帶領我邁向我的至善，而且我會跟隨它。」假使你善於操控，這可能有點令人抓狂，所以要帶著玩心對待這一天，不要與之對抗。時常深呼吸幫助你保持敞開和靈活，因此，在智慧型手機上設定輕柔的鬧鐘，每隔一小時左右響一次，提醒你做一次深呼吸、伸展一下。

今天的練習邀請你減少心智操控以及像機器人一樣呆板，要更加自動自發且善於接收宇宙的支持。要心存好奇，設定意圖，允許你的高我推動你邁向你的至善，藉此看看今天的結局如何。好好享受任何意想不到且正向和愉快的驚喜。直覺不是你可以駕馭或操控的東西。它是「靈」的動態流動，流經你全身，凌駕你的智力，而且陪伴你達到你今天可用的最佳能量波長。

DAY 18

笑的魔力

「笑」是快速、容易的方法，可以迅速啟動你的直覺超級感官。笑使你的小我安靜下來，自動開啟你的第六感。笑使你的小我卸下防備，讓它休息一下，不再防禦和保護自己。當你笑的時候，你立即跳躍至更高的振動，馬上接收到來自你的「靈」和靈界幫手們的指引與指示，那是你的小我根本無法觸及的。

在你開始笑的那一刻，你的「靈」便接管。你凌駕你的小我，敞開心扉，接收得到你的小我一定會錯過或打發走的新資訊。笑不僅將你的覺知提升到更高的頻率，而且清理你的氣場、賦予你自信、照亮你心靈中的黑暗。笑假使沒有勝過緩解焦慮以及使你擺脫恐懼和懷疑的靜心冥想，至少也與之不相上下。當你大笑的時候，你掙脫你的小我，充分體現你的「靈」。

如果你能一笑置之，就沒有什麼控制得了你。笑幫助你忘記煩惱，即使只是片刻，而且當這種情況發生時，負面性、困惑、憤怒消失。多年前，我的一位大師級老師教導我，「笑趕走惡魔」——「惡魔」是令你害怕、阻礙答案、害你卡住，或使你質疑自己的根本安全、價值、良善的任何幻相、懷疑、恐懼或困惑。笑使你不至於太過認真地看待自己或人生，移除掉這個接收內在指引的巨大障礙。「認真」或智性的自我是你的小我，不懈地設法保持掌控權，通常不樂於接受自動自發。兩相對照下，你的「靈」比較輕鬆愉快、頑皮淘氣。當你笑的時候，你讓你的「靈」接管，讓小我休息一下。

幾年前，我在紐約萊茵貝克（Rhinebeck）的歐米茄學院（Omega Institute）教授直覺開發工作坊。這群為自己著想的學生因故把自己看得太重；結果，多數學生幾乎沒有接通自身第六感的好運。因此，我鼓勵他們逗彼此開懷大笑，幫助他們擺脫這種被屏蔽的狀態。

起初，他們認為這個想法很愚蠢，幾經勸說，他們讓步且嘗試了。一開始，有點生疏，不太好笑，但是最終，學員們放鬆下來，變得比較有趣。某些學員開始玩鬥雞眼、扮鬼臉。其他則假裝是動物，單腳跳躍，發出愚蠢的噪音，表現得像一群發狂的幼兒園小朋友。他們嘗試的時間越長，就變得越好笑，直到真正的歡樂流動起來，讓他們笑得更厲害。持續十五分鐘，每個人都洋溢著輕快愚蠢的「靈」，以至於我幾乎無法讓他們停下來。

等他們冷靜下來，我邀請他們再次嘗試鍛鍊他們的直覺肌肉。令他們驚訝的是，在這種比較自由、俏皮的存在狀態下，他們能夠成功地跳脫問題，找到幾分鐘前還認為沒有解決方案的方法。他們直覺的超級感官立即被活化，允許每一位學生描述彼此的住家、工作、祕密的內心渴望、旅行計畫，甚至莫大的愛，儘管他們是剛認識的陌生人。沒有人被阻塞屏蔽，就連其中懷疑心最強的人們也不例外。他們相當震驚，些許幽默竟然那麼迅速地啟動他們的直覺，而且運作到如此高階的程度。我並不震驚。多年來，我親眼見證到笑的力量，以及當你開始感到卡住時，笑非常能夠幫助你找到問題的答案，照亮前進的道路。

我的個案傑西和他的女友貝芙是兩個可憐人，爭執不斷，包括金錢、如何支付賬單、兩人都討厭自己在餐廳的工作而且想要辭職。一天晚上，他們沒有像往常一樣待在家裡爭吵，而是和大學老友會面，在五〇年代風格的保齡球場打保齡球。那晚，他們玩得很開心，笑了好幾個小時，因此當晚結束時，傑西和貝芙忘記了他們的問題，幾年來難得一次比較滿意對方和生活。

睡前刷牙時，傑西突然間靈機一動，說道：「我有個點子。我們一起開一家美食餐車，賣棒棒煎餅吧。」棒棒煎餅是他們一起創作的早餐，兩人都很愛。貝芙幾乎尖叫著同意，而且全力支持。他們徹夜未眠，腦力激盪，討論著如何開始。他們的想法湧入，傑西說：「像煎餅麵糊一樣。」一個又一個聰明的想法流入。貝芙和傑西直覺地知道，這個點子會激發出更多的想法，他們開玩笑、玩耍著，變得越來越愚蠢。幾小時後，他們下載了完整的營業計畫。

翌日，他們對自己的點子比前一夜更有熱情。傑西打電話給幾個朋友，而貝芙打電話給她父母。大家都同意幫忙。三個月後，傑西和貝芙經營著一輛名為「甜蜜蛋糕」（Sweet Cakes）的美食餐車，停在西雅圖的企業園區附近。他們一炮而紅。傑西和貝芙從工作上苦不堪言且彼此相處悽慘，變成擁有充實而好玩的共同人生目標。只是花幾小時與朋友一起歡笑，便迅速啟動他們的超級感官，獲得他們迫切需要的靈感，找到前進的道路。並不是說，玩得開心讓這類事情變容易。他們比以往任何時候更努力工作，共同實現兩人的夢想。但是玩得開心開啟了他們的內在之光，照亮了兩人黯淡的前景，讓他們看見前進的道路。顯然，他們知道會成功，也確實成功了。

我的第一位靈性導師查理・古德曼讓我知道，笑是通向我的超級感官的前門。跟他一起學習時，他有時候令我狂笑到流眼淚。「無論你看見或感受到什麼，」他強調，「要始終保持幽默感。」我母親以她的方式提到同樣的事：「情況可能很危急，但是絕不嚴重。」

在五十多年的直覺藝術教學中，我發現，我越是尋找幽默，就越看見「神靈」（Divine Spirit）照亮道路。培養自己的幽默感增強我們的直覺，而且額外的收穫是：改善我們的健康。假使我們變得太過只顧自己且過於認真看待我們的問題，就會接觸不到我們的超級感官和我們的「靈」，讓一切看起來黯淡無光。笑護送我們回歸真實的自我，重獲生機。

今天，好好笑一笑。讓笑成為你的首要任務。要發現什麼搔到你的笑穴，盡可能地多多利用。YouTube 或 TikTok（抖音）上有什麼好笑的動物和寶寶視頻呢？收聽車內的衛星喜劇頻道，而不是收聽新聞。如果你感到抑鬱或不想笑，就假裝一下。收看一、兩個愚蠢的電視節目，把你的心智頻道從憂慮轉變成異想天開，這也很有效。

笑趕走人生的黑暗陰影，將你的振動立即提升到更平衡、放鬆、自信的狀態。它重新連結你與你的「靈」，讓你的小我休息一下。你越不想笑，就越需要笑。這是因為，令你發笑的事物減少你的恐懼。你甚至可以完全戰勝你的恐懼。笑著過完一天後，運用你的超級感官檢查一下你的問題的解決方案。因為在你開懷大笑之後，你會更善於接收，所以我確信你一定會找到答案。

DAY

19

詢問你的靈

我成長在一個以超級感官感應的家庭中，在家裡，內在指引不被認為是第六感，反而被公認為我們所有感官中首要且最重要的感官，而且無論如何，它都是人生中可以依賴的感官。這份信念是由我母親傳遞給我們的，她是具有高度直覺力和創意的藝術家，也是熬過大屠殺倖存下來的兒童戰爭新娘。第二次世界大戰期間，一次空襲時，十二歲的母親從羅馬尼亞的家園撤離，因此與家人失散，最終進入德國勞改營，直到十四歲，並於一九四五年被美國士兵解放。母親堅持她的直覺（她稱之為她的「靈」）幫助她在勞改營中存活下來，繼續過著美好的人生。她還說，她的「靈」指引她找到我父親，父親是解放戰爭的美國士兵，來到了母親居住的小鎮，而母親最終在十六歲與父親結婚。他們在一起，懷孕了，啟航前往美國。最終，另外六個孩子相繼到來，其中包括我，而我承襲了母親的名字。

在戰爭年代，我母親遭受的諸多創傷中，有風濕熱發作，那導致母親雙耳百分之九十五失聰。然而，她不認為這是殘疾，反而將聽力損失視為人生的最大祝福，因為，正如母親所言：「我不必聆聽周圍人的負面性或瘋狂。我聽到的唯一事物是我的靈的聲音，它每天完美地指引我。」而且確實如此。

每當母親必須決定某事時，她會閉上眼睛，將注意力轉向內在，聆聽她的內在聲音，然後宣布：「我的靈說……」並填入後面的話。而且她一定會聽從那些指示。她非常看重自己內在指引的聲音，因此也堅持我們必須這麼做。每當我的兄弟姊妹之一或我向母親提問，她的答覆往往是：「在我回答之前，先問一問你的靈。它說什麼呢？」那個簡單的問題從一開始便指引我們向內尋找答案。這是她可以給予我們最有力量的禮物，為我的畢生志業和人生目的奠定了基礎。

我們的主要家庭對話集中在這個問題：「你的靈怎麼說呢？」我們總是反問自己和詢問彼此這個問題，而且現在仍舊這麼做。

我們把內在的「靈」說的話視為我們的終極權威，因為確實如此。由於諮詢你的「靈」，你不再轉向小我，帶著恐懼思考、釐清事物、擔憂或讓恐懼操控你。你反而會直接契入你的內在力量的源頭，快速地指引你到接下來的步驟，邁向你的至善。因為請求你的「靈」指引你，然後用語言表達你的「靈」的建議，你肯定地表明你的最高階個人力量，避開讓你的小我或其他人接管你的人生的迷茫和錯誤。

詢問：「我的靈說什麼呢？」那強力聲明你是自己人生的權威，提醒你首先要檢視你的直覺。你可以在這裡找到你所尋求的答案，那些將是最能照顧你的答案。

因為我自然而然會問道：「我的靈怎麼說呢？」所以每當朋友有麻煩，我往往詢問他們同樣的問題。我記得八年級時，女性摯友薇琪告訴我她的父母要離婚，而她不知道該怎麼辦，我就問她這個問題。起初她一頭霧水，說道：「你這話什麼意思？我不知道你在說什麼？」我解釋說，每一個人都有一位「靈」可以給予我們需要的所有答案。難道她不知道這點嗎？我還解釋，她需要把手放在心上，大聲說出她的「靈」建議的不管什麼話。一旦她大聲宣布她的「靈」的答案，就必須好好聆聽她的「靈」說些什麼。

我告訴薇琪，如果她的「靈」在她請求得到指引時做出回應，她必會感到平靜。這麼一來，她會知道自己正在聆聽對的頻道。你的「靈」運用它的有益指引使你的身體平靜下來。然而，假使你的小我假裝它是你的「靈」，你不會感覺到這份平靜。你反而會感到焦躁不安，而且在這一切底下，你會感到不安全。

薇琪對我那天與她分享的內容非常著迷，後來幾個月，這個話題是我們討論的重點。向她的「靈」尋求指引奏效了。她的「靈」幫助她熬過父母的離婚，也使她敞開來迎接對寫日誌的愛等等。向她的「靈」尋求指引並分享她的「靈」大聲說出來的話，為薇琪帶來指引她前進的羅盤。她的「靈」也賦予她勇氣和自信，讓她保持忠於自己。

薇琪後來繼續研習靈性和形上學，最終成為靜心冥想老師。她常說，在我們談話的那天，學會大聲地向她的「靈」尋求指引是她人生的轉捩點。「我原本可能會吸毒或情況更糟，」她說，「我爸吸毒，我媽沒有自尊，所以他們無法以任何方式指引我，因為他們倆都一團糟。我的靈接手並在爸媽失敗的地方幫助了我。因為請求我的靈帶路，我相對完整地熬過了青春期。」

今天，讓你的「靈」帶路吧。今天，每當你面臨決定時，務必詢問你的「靈」該怎麼做，從該在哪裡停車，到在哪裡找到你的住家鑰匙，到你的人生目的。每次提問前，先深吸一口氣，讓自己的身體扎根接地。檢查看看你是否真的可以接受誠實的答案。然後快速而明確地提出你的問題，讓你的「靈」大聲回答：「我的靈說……」並快速地填入後面的話。

這訓練你把你的人生交給你的內在指引，把你的小我放在後台。今天，向你的「靈」尋求指引，至少五次，如果需要，更多次也行。

DAY 20

去走走吧

我每天花不少時間散步，從孩提時代就一直這樣。現在我主要居住在倫敦，很幸運可以穿行在我家附近的攝政公園，那是這座城市裡最令人驚歎的開放空間之一，也是野生動物和花兒的家園，占地一六六公頃多。我來自主要是灰濛濛加上一年到頭多半氣溫冷冽的芝加哥，因此很驚訝我家前門附近居然有這片遼闊、優美的新興自然保護區。

我的每天散步提供的不只是身體的鍛鍊。我利用這些時間與我的「靈」連結，聆聽我的靈魂，檢查我的身體，調頻聆聽我的直覺，接收指引、靈感、答案，以此因應人生中最具挑戰的問題。我花時間漫步穿過樹林間，在動物園附近閒逛，觀察水中的鵝、鴨子、比較奇特的禽類，看到和聽見美麗的鳥兒翱翔穿梭在樹林間，那帶我去到天堂又回來。在大自然中散步舒緩我緊張的神經，讓我的身體平靜下來。周圍的綠意使我擺脫我的腦袋，將我連結到大地。等我回到家時，我感覺元氣恢復了、頭腦清明。我的神經系統被重新設定了。我感應到我的真實節奏。

當我住在巴黎時，我每天沿著塞納河散步，塞納河從市中心蜿蜒而下，從巴黎市這一頭流到那一端。我會從艾菲爾鐵塔附近的阿爾瑪橋（Pont de l'Alma）出發，散步到聖母院，然後再走回去。整趟行程大約一小時，精緻細膩。我的散步是一次機會，利用運動和美幫助我連結到我的「靈」，接收當天需要的內在指引。

從我很小的時候開始，散步就一直是最強而有力的方法之一，它使我的超級感官變敏銳，遠離喧囂的世界，返回到我的心與「靈」的中心。散步是良藥，當我需要指引時，散步到任何地方都有效。事實上，每當我感覺卡住了，我媽以前常說：「別講了，去走走吧！」散步是大自然的治療法，可以有效緩解過度思考以及困擾你的其他任何事物。

移動我的雙腳，一步接一步，持續一段時間，這平息內在的噪音，那些噪音來自於無所適從、過度刺激、過度消耗、過度飽和等等生活近日讓你感受到的一切事物。

我的老師查理曾經解釋過，散步對玄祕學家與直覺者很重要，那是在我分享了我多愛散步到老師家參加我們的每週課程，而不是騎自行車或搭乘公共汽車之後。他說，當你散步時，你的天使和指導靈與你同行。當你以這種有節奏的方式移動身體時，你的小我便進入睡眠狀態，讓你可以聽見你的天使、指導靈、高我的聲音。他說得對。這正是長時間散步發生在我身上的事。「如果你需要幫忙，就與天堂一起散步，而且你會如願以償。」他向我保證。

查理強調散步得到直覺指引的力量給我留下十分深刻的印象，於是，當我的父親和兄弟以及結褵三十二年的丈夫在六週內突然間相繼離世時，我直覺地感受到，去走「聖雅各的朝聖之路」是唯一的療癒方法，那是一條從法國到西班牙的八百公里朝聖之旅。毫無疑問，我會走這一趟。我不得不那麼做。

這次體驗起到極佳的治療作用和深邃的癒癒功能，促使我甚至寫了一本關於這趟旅程的著作——《走回家：從謙卑到治癒的朝聖之旅》（*Walking Home: A Pilgrimage from Humbled to Healed*）。踏上那趟穿越兩座山脈和一片沙漠的三十五天徒步旅行，我得到指引，要好好搜集我的碎片，開始新生活。假使沒有踏上那趟朝聖之旅，我不會迅速地在六週內從失去父親、兄弟、丈夫的極度低谷中恢復過來。當時，我覺得我的人生結束了，但是在我踏上那趟旅程期間，人生下一篇章的願景以巨大的驚喜出現了。我深信，假使我選擇坐下來沉思我的失落而不是起而行，在經歷過許許多多的悲慟和失落之後，該怎麼做的指引永遠不會來到我面前。步行帶我走出過去，推動我邁向未來。

法國人理解步行的力量可以連結到「靈」。他們甚至有一個詞形容步行者。它是「flâneur」（漫遊者）或「flâneuse」（漫遊女子），意思是漫步在城市街道，觀察和體驗著都市的環境，沒有任何目的地或目標。漫遊者體認到漫步的療癒品質，以及隨之而來的發現，這是另一種餵養直覺的元素。當你以漫遊者或漫遊女子的身分步行時，你放鬆心智，於是頭腦樂於接納新點子。步行引進獨一無二的外在和內在風景。漫步是培養直覺力的最佳步行法，它鬆開固定的想法，動搖老舊的信念和視角，它也允許你的內在指引為你帶來驚喜。

幾年前，朋友莫琳來巴黎拜訪我，在我的催促下，她花了一天時間四處漫步，在沒有旅遊指南的情況下探索巴黎。她從巴黎北區的聖心堂出發，很快地走到水塔站（Château d'Eau）附近的一區，她在馬里蘭州的朋友們曾經建議她要不計一切代價避開這裡，因為非常危險。起初，當莫琳意識到自己在哪裡時，她感到害怕，但是眼前的景象和聲音絕佳，而且沒有可怕的事發生。不久，她的恐懼轉換成愉悅，因為她發現的一切極有魅力且帶來雀躍。在「漫遊」的過程中，莫琳被指引到一家特別的珠子店，而且一進這家店，就遇見最善良的摩洛哥女子伊瑪，對方為她奉上了茶。莫琳不再害怕，也不著急，她接受了善意的奉茶，還待了幾小時，承諾不久會再回來。而且她做到了。莫琳回來了兩次，上次出現時，她接受了與伊瑪家人見面的晚餐邀請。

長話短說，莫琳和伊瑪成了好朋友。五年後，他們還是朋友，而且莫琳正在規劃今年秋天與伊瑪去摩洛哥度一個月的假。她的散步帶領她找到了那天出發時真正要尋找的東西——有意義的連結以及真正的探險。那就是培養直覺力的步行法總是帶來的東西。

今天，休息一下，擺脫你的例行公事，好好走一走，要麼在早上，譬如，上班的路上，要麼在晚上，下班回家的路上。如果時間和責任不允許長時間散步，那就調整一下你的時間安排，在附近散步十到十五分鐘。舉例來說，如果下班開車回家，那就停好車，繞著街區走兩圈，再進門。如果要去上班，同樣這麼做。提早離家，讓你可以停好車，走一走，再進入辦公大樓。另一項選擇是，早點起床，在附近的公園走一走，再出發上班。

如果有可能，在大自然中散步。假使那麼做不可能，那麼無論你身在何處，要好好注意大自然。好好注意樹木、花園、草地、鳥兒、鮮花、雲朵。大自然使你擺脫腦袋、療癒身體、快速地調頻對準你的心和直覺。散步時，要用整個身體聆聽周遭世界，跟隨你的氛圍走。如果行走的方向感覺美好，就繼續走下去。如果感覺氛圍不佳，那就倒退、轉身、迅速改變方向。

你還可以探索不熟悉的領域，藉此活化你的直覺。要成為漫遊者或漫遊女子，漫無目的地探險一小時左右。漫遊時，讓你的「靈」帶路，敞開心扉且自動自發。假使你突發奇想，譬如說，想進入某家商店或遵循特別的路徑，那就不要猶豫。好好一探究竟。要覺知到你的高我和神性支援系統與你同行。

如果你正因為某個問題而苦苦掙扎，要邊散步邊請求你的高我幫助你解決。然後，儘管問題可能挑戰性十足，但不要邊散步邊思考如何解決。漫步時，心思不要放在問題上，而是好好注意和享受周遭的世界。停下來，注意細節。聆聽周圍的聲音。有鳥兒嗎？有風嗎？有小朋友在玩耍嗎？有狗狗在吠叫嗎？有樹木沙沙作響嗎？好好感受四大元素貼在肌膚上。寒冷嗎？清新嗎？溫暖嗎？平靜嗎？氣味如何呢？你聞到花朵、樹木、廢氣、食物的味道嗎？

散步時，檢查一下你的所有感官，完全沉浸在你的身體內和當下時刻。這使你摒除雜念，讓直覺可以找到路徑，得到你的關注。散步將你的能量從問題狀態轉移到解決狀態，於是這個簡單的動作使我們擺脫心智障礙，自然而然地開啟通向直覺指引的大門。答案可能不會在散步時出現，但是不久之後就會迸出來。漫步時，要跟隨你的衝動並聆聽你的直覺。要跟你的「靈」好好交談，請求在漫步時得到靈感與指引。要樂於接納體驗一趟偉大的直覺探險。你一定不會失望。

DAY

21

找到十九種解決方案

多年來教導和培訓人們活化直覺的過程中，我注意到成功者與失敗者之間的明顯差異。十分期待發現問題的解決方案的人們一定會成功，而只聚焦在問題的人們則不會成功。某些人甚至在別人提出解決方案時拒絕斟酌考慮。

問題是小我最愛的事物，因為它們給予小我存在的理由。問題證實小我在人生中的主要觀點：「人生擺明跟我過不去，所以要時時刻刻準備好，迎接最糟的情況。」這個觀點使小我在人生中不斷奮戰，那是它最愛的消遣。許多人們已經與自己的「靈」斷連得非常厲害，導致他們錯誤地相信自己的小我是他們唯一的「自我」，而且小我希望保持那樣。

另一方面，有直覺力的人們體認到自己不只是小我。他們知道自己是靈性存有，在充滿愛、無限、善於支持的宇宙中。他們體認到自己的小我是有限的「假我」（false Self），充其量不過是自己的「靈」的幫手，但不是人生的領導者。他們與宇宙指引的緊密連結創造出全然不同的實相：我們在這裡是要創造有意義、有目標、充滿喜悅的人生，宇宙始終在此，可以透過我們的直覺溝通幫助我們成功。

有趣的是，兩種人都對；他們只是擁有不同的體驗。小我驅動的人們奠基於恐懼和有所局限，因此聚焦在問題和威脅，有直覺力的人們則不然，他們知道每一個問題總是有解決方案，無論多麼複雜或充滿挑戰，而且喜愛發現解決方案。因此，他們的表現就像神性偵探，留意每一條線索，無論多麼不著痕跡或看似微不足道，知道這點有助於通向他們尋求的答案。完全小我驅動的人們在找不到解決方案方面也沒錯，只要他們確信沒有解決方案，而且拒絕細想如何尋找解決方案。無論在哪個世界，你都對。但是在小我驅動的世界中，你把自己鎖住了，排拒所有那些美妙的解決方案提供的贈禮與喜悅。

年輕時，我媽介紹我認識「總是有解決方案」的觀點。在我們家，根本不存在沒有解決方案的問題。每一個問題，無論大小，都只是邀請我們運用自己的直覺和創造力。我媽堅信，總是有一個解決方案安住在我的DNA中，而且我們體驗到的每一個奇蹟都強化了那個信念，於是奇蹟不斷。

八歲時，我第一次直接體驗到如何找到解決方案，解決某個看似無法克服的問題，那時聖誕老公公開車繞行我們當時居住的丹佛市區，而我想要贏得聖誕老公公送出的獎品。獲得禮物的機會不大，方法是：製作最美麗的標誌，讓聖誕老公公看見，把標誌放在你家前窗，希望聖誕老公公開車經過你家而且喜歡你的標誌。不熟練地製作標誌時，我對得到禮物的機會渺茫感到挫敗，我告訴我媽，根本沒希望。然而，我媽不聽我的負面看法。她堅決主張：「不要聚焦在你的競爭心。要帶著獲勝的期待創作那個標誌，然後你就會得到。」對她而言，事情就是這樣。多虧我們的對話，我不再聚焦在對我不利的可能性，而是在塗色時，只想著贏得禮物。翌日，我贏得了我的第一台彩色電視機，剛好來得及過聖誕節。從那天起，再也沒有我覺得解決不了或找不到答案的問題。

我的老師查理將總是找得到解決方案的概念提升到新的層次，他教導我，每一個問題都有不是一種而是十九種有可能的解決方案。此外，身為直覺大師的他堅決主張，應該先仔細考慮所有十九種解決方案，再選擇最佳的那一種。身為查理的學徒，我的平時作業之一是，為寫信給他尋求幫助的人們提出的各種問題找到十九種解決方案。那是我學徒生涯中最喜愛的部分，非常好玩。

有一次，我問查理：「如果我錯了，怎麼辦？」

「桑妮雅，對與錯都是主觀的想法，」他答道。「適合某人的東西可能不適合另外一個人。要更好地聚焦在現在對你來說感覺真實的事物，而不是擔心出錯。」

教導我總是有解決方案，然後建議每一個問題都有十九種解決方案，而不是一種，這為我奠定基礎，使我擁有無人能擋且極具創意的生活態度。整合這個視角唯一需要的另外一件事物是，在尋找答案時擁有極大的幽默感。而且還有一則建議：要願意感到驚喜。

六十九歲的圖書館員丹妮絲，她來找我諮商是為了做直覺解讀，因為被迫提前退休令她心煩意亂。丹妮絲驚惶失措，擔心自己還沒壽終正寢就花光了所有金錢，她看不見向前邁進的解決辦法。她的整個保障感完全建立在過去定時收到的薪水，現在薪水即將被切斷，她只看見窮困潦倒。

我設法讓丹妮絲放心，說她不久就會再度有工作，但她聽不進去。她拒絕相信我。「我這個年紀，沒有人會想要我。」她辯稱。在她的解讀中，我運用了十九種解決方案技巧，分享了在前進過程中找到收入的多種選項，但是她拍掉每一種解決方案，就像趕走沒人想要的蒼蠅。她的小我太過享受著她的恐慌發作，因此無法聆聽。

離開時，丹妮絲比來的時候更淒慘。然而一週後，她很意外，鎮上新開的流動圖書館居然提供工作給她，這是她從來沒有聽過的事。因為必須突然間解僱丹妮絲，令她的前上司耿耿於懷，因此時機一到，前上司便提供她這份工作。流動圖書館工作提供給丹妮絲的金錢，足夠她支付每月極少的抵押貸款、保險費、食品賬單，不需要動用到她一分一毫的退休金。丹妮絲很震驚，她甚至沒有設法找到解決方案，解決方案便來到她面前。她回來詢問我，關於我曾經設法與她分享的其他十八種解決方案。

我問她，既然問題解決了，為什麼還對這點感興趣呢？她說，她希望教導來到她的流動圖書館的小朋友和學生們，在面對問題時，如何尋找十九種解決方案，讓他們不會像她曾經那樣，感到驚惶失措、被逼到牆角。因為發生在流動圖書館中的十九種解決方案遊戲，丹妮絲成為當地的傳奇。不久，多虧這位從前的懷疑論者現在散播著這則消息，鎮上每一個人都變得越來越有直覺力和創造力。

今天，你要大玩十九種解決方案，藉此屈伸你的直覺肌肉，同時喚醒你的想像力。你可以選擇獨自一人或跟夥伴一起這麼做。假使你決定與夥伴合作，務必只詢問願意保持風度且樂於接受整個過程同時因此玩得開心的人。

首先寫下一個你無法立即解決的問題，這問題導致你擔心或焦慮，或感覺在某方面受威脅。然後，要麼一一寫下來，要麼跟朋友一起數數，立即開始列出這個問題的十九種解決方案。你的解決方案可以很實用，也可以極具創意且不切實際。這個遊戲的重點不是運用智力找出答案，而是讓你的想像力喚醒你的直覺，然後運用你的智力或小我從來沒有考慮過的解決方案為你帶來驚喜。

成功的關鍵是要盡可能地迅速回答，提出每個解決方案的時間不超過三十秒。唯一的其他規則是：一旦說出了解決方案，就不要重複。這個遊戲的魔法在於，等你找到第十九種解決方案時，你已經發現了至少二或三個真正可行的解決方案。從你臉上洋溢和全身散發的燦爛笑容和輕鬆感，你會知道這點。

如果與朋友一起玩這個遊戲，可以輪流，而不是一來一回，一方先說出一個問題和全部十九種解決方案，然後才輪到另一方開始。只要願意，你可以把十九種解決方案套用到任意數量的問題。事實上，你提出的問題越多，就越興高采烈，因為每提出一個問題，你的直覺和創意就得到重大的鍛鍊。這番努力使你的直覺和創意變得既強健又可靠。

後記

既然你已經迅速啟動了你的直覺，我希望你好好享受這個超級感官為你的人生帶來的無盡贈禮。然而，假使你覺得，即使在過去三週的迅速啟動之後，你對自己的直覺仍然沒有全然的自信，那就單純地回到本書開頭，重新實踐那些迅速啟動法。這麼做將會進一步增強你的直覺，有助於按照預期，將直覺重新錨定到你的生活中。落實這些迅速啟動工具永遠不嫌多。它們的設計旨在成為你自然而然的生活之道。把這本書多讀幾遍，把它放在看得見的地方，時常拿起來翻一翻。隨機翻到書中任何一頁，實踐你在那一頁找到的迅速啟動法。

每一項迅速啟動就像一次小小的心靈仰臥起坐：越常落實，你的直覺肌肉就變得越強健。不知不覺中，你的直覺就會像這個超級感官原本該有的狀態，啟動並運行，為你帶來好玩、流動、充實滿意。事實上，你會很納悶，你以前沒有它是怎麼過日子的。

全心愛你，桑妮雅

國家圖書館出版品預行編目（CIP）資料

21 天開通內在指引：鍛鍊直覺精準度，接收你的「靈」對你最大的保護 / 桑妮雅．喬凱特（Sonia Choquette）著；非語譯. -- 初版. -- 新北市：橡實文化出版：大雁出版基地發行，2024.11
面；　公分
譯自：21 days to jump-start your intuition : awaken your most empowering super sense.
ISBN 978-626-7441-94-7（平裝）

1.CST: 直覺　2.CST: 認知心理學

176.41　　113013837

BC1136

21 天開通內在指引：
鍛鍊直覺精準度，接收你的「靈」對你最大的保護

21 Days to Jump-Start Your Intuition: Awaken Your Most Empowering Super Sense

作　　者　桑妮雅．喬凱特（Sonia Choquette）
譯　　者　非語
責任編輯　田哲榮
協力編輯　朗慧
封面設計　斐類設計
內頁構成　歐陽碧智
校　　對　吳小微

發 行 人　蘇拾平
總 編 輯　于芝峰
副總編輯　田哲榮
業務發行　王綬晨、邱紹溢、劉文雅
行銷企劃　陳詩婷
出　　版　橡實文化 ACORN Publishing
地址：231030 新北市新店區北新路三段 207-3 號 5 樓
電話：02-8913-1005　傳真：02-8913-1056
網址：www.acornbooks.com.tw
E-mail 信箱：acorn@andbooks.com.tw
發　　行　大雁出版基地
地址：231030 新北市新店區北新路三段 207-3 號 5 樓
電話：02-8913-1005　傳真：02-8913-1056
讀者服務信箱：andbooks@andbooks.com.tw
劃撥帳號：19983379　戶名：大雁文化事業股份有限公司

印　　刷　中原造像股份有限公司
初版一刷　2024 年 11 月
定　　價　380 元
I S B N　978-626-7441-94-7